TELEPHONE

Erste Seite:
Der Trafalgar Square gilt als Nabel Londons. Neben National Gallery und der Kirche Saint Martin-in-the-Fields ist der prächtige Platz Treffpunkt für politische Großkundgebungen und Demonstrationen. Aber auch zum Feiern kommen die Londoner hier zusammen.

Vorherige Seite:
Die Kuppel der Radcliffe Camera prägt das Bild der Universitäts- und Industriestadt Oxford. Wegen der Christ Church Cathedral, des Tom Towers und Magdalen Towers wird Oxford auch Stadt der Türme genannt und bewahrt sein altes Flair.

Unten:
Brighton, früher arme Fischerstadt, ist das wohl größte und bekannteste Seebad des Landes, seit der Rat des Arztes Richard Russel im 18. Jahrhundert zahlreiche Patienten ans Meer lockte. Ein perfekter Ort um die Seele baumeln und den Blick in die Ferne schweifen zu lassen.

Seite 10/11: *Valley of the Rocks – das Tal der Felsen – bei Lynton gehört zu den wohl ältesten Felsen in der Grafschaft Devon.*

Inhalt

England – das Land der Angeln

Das militärische Schauspiel der Wachablösung gehört zu der imperialen Liturgie Londons. Auch die Uniformen sind Kostüme aus jener glorreichen Vergangenheit, als Großbritannien die Welt beherrschte. Die Gewehre allerdings sind modernste britische Waffentechnik.

Laut den englischen Chronisten des Mittelalters waren die Trojaner nicht nur die Ahnen der Römer, sondern auch die der Briten. Nach dem Fall Ilions, so berichten ihre Annalen, befreite der heldenhafte Brutus Britannien von den Riesen, um ein neues Troja zu gründen – London.

Zumindest für die Sage von den Riesen gab es »handfeste Beweise«: Überall auf der Insel ragen aus dem Dunkel der Vorzeit Steinkreise und Grabanlagen von übermenschlicher Größe hervor. Das Profil ihrer Erbauer aus dem 3. und 2. Jahrtausend vor Christus blieb selbst für die moderne Archäologie verschwommen. Nur eines scheint sicher: Als um 900 vor Christus die ersten Kelten ihren Fuß auf englischen Boden setzen, sind Titanenwerke wie Stonehenge schon lange verlassene Kultstätten. Die aus Gallien eingewanderten Stämme werden von streitlustigen Häuptlingen beherrscht. Ein ewiger Zwist, der ihnen später im Kampf gegen Roms Legionen zum Verhängnis wird. Zwischen 43 und 84 nach Christus werden die Stämme nacheinander unterworfen und die Provinz »Britannia« geschaffen. Einzig der Norden der Insel erweist sich als unbeugsam – Schottland will seinen eigenen Weg durch die Geschichte gehen. Die Jahrhunderte unter dem Schutzmantel des römischen Imperiums aber bringen dem Süden Wohlstand und Frieden. Als Roms Legionen zu Beginn des 5. Jahrhunderts abziehen, wird das Land leichte Beute für die germanischen Stämme der Angeln und Sachsen. Aus »Britannia« wird das Land der Angeln – England. Das glanzvollste Kapitel der angelsächsischen Geschichte trägt die Überschrift »König Alfred« (871–899). Krieger und Gelehrter in einer Person, stoppt er die Wikingereinfälle und reformiert seine Kirche. Als einziger König der Insel erhält er den Ehrentitel »der Große«.

1066 endet die Herrschaft der Angelsachsen, als der Tod des keuschen und kinderlosen Edward des Bekenners das Land in eine Krise

stürzt. Wilhelm der Eroberer, Herzog der Normandie, sieht seine Chance gekommen. In der alles entscheidenden Schlacht von Hastings vernichtet er das Heer der Angelsachsen und gewinnt die Krone Englands. Die mittelalterliche Geschichte Englands gleicht den Kathedralen dieser Epoche: vom göttlichen Licht durchflutet und zugleich Heimat dämonischer Fratzen. Kein Herrscher verdeutlicht diesen Widerspruch würdiger als Heinrich II. (1154–1189). Seine Machtfülle überschattet den Kaiser, seine Ehre aber ist durch einen Priestermord tief befleckt. Und während einer seiner Söhne als Richard Löwenherz in die Legende reitet, entwickelt sich dessen Bruder Johann zum Erzintriganten.

Der Rosenkrieg zwischen York und Lancaster

So machtbewusst wie Heinrich II. ist nur ein zweiter englischer König: Edward I. (1272–1307). Seine liebste Spielwiese ist das Schlachtfeld. Frankreich wird herausgefordert, Schottland gedemütigt und Wales erobert. Im 14. und 15. Jahrhundert spielt sich dann die epochale Auseinandersetzung des Hundertjährigen Krieges (1339–1453) zwischen England und Frankreich ab. Aller Triumphe zum Trotz verliert die englische Krone am Ende diesen Wettstreit. Und als ob nicht genug Blut geflossen wäre, gleitet England danach in den dynastischen »Rosenkrieg« zwischen den Häusern »York« und »Lancaster«. 1485 endet schließlich dieser tödliche Spätherbst des Mittelalters. Mit dem Hause Tudor besteigt der neue Geist der Renaissance den englischen Thron. Das populäre Bild vom Frauen mordenden Heinrich VIII. (1509–1547) verschleiert die Leistung des Königs: Er schuf die anglikanische Staatskirche, deren Oberhaupt bis zum heutigen Tag der Monarch von England ist. Unter seiner Tochter Elizabeth (1558–1603) strahlt England wie ein Sommertag: Komponisten wie Byrd und Dowland verzauberten ganz Europa und die Literatur der Epoche gipfelt in Shakespeare.
Die »jungfräuliche Königin« stirbt kinderlos. Ihre Krone fällt an die schottischen Verwandten aus dem Hause Stuart. Das 17. Jahrhundert ist die turbulente Kinderstube der englischen Demokratie. Während der Philosoph John Locke von Gewaltenteilung träumt, streben die Stuart-Könige nach absoluter Herrschaft. Der Konflikt entlädt sich in einem Bürgerkrieg zwischen Parlament und Krone. 1649 bezahlt König Karl I. (1625–1649) die Niederlage gegen Cromwell mit seinem Kopf. 1688 endet dann alle königliche Selbstherrlichkeit mit der »Glorious Revolution«, der Geburtsstunde der konstitutionellen Monarchie. Von nun an geht

Eine architektonische Perle der Grafschaft Kent ist das alte Hafenstädtchen Rye mit seinen adretten Häusern. Dieser beschauliche Ort gehörte zu den privilegiertesten Städten der Krone, den sogenannten Fünf Häfen, die im Mittelalter Englands Kriegsflotte zu stellen hatten.

die Gewalt vom Parlament aus, und der Bürger genießt Rechte, von denen seine Standesgenossen auf dem Kontinent nur träumen können. Die politischen Verhältnisse beschleunigen den Aufstieg zur Weltmacht. Sowohl der Sonnenkönig Ludwig XIV. als auch Kaiser Napoleon beißen sich an Großbritannien die Zähne aus. Gegen Ende des 19. Jahrhunderts wird dann ein Viertel der Weltkarte im englischen Rot erstrahlen. Es ist das Zeitalter Victorias (1837–1901). Getrübt wird der Glanz der »Kaiserin von Indien« allerdings durch den säuerlichen Elendsdunst der Industriestädte. Die letzte große Stunde des Empires schlägt im Zweiten Weltkrieg, als weder Niederlagen noch Bomben den Widerstandswillen der Insel brechen können. Nach dem Weltkrieg entlässt das erschöpfte Mutterland seine Kolonien in ihre unsichere Freiheit. Aber selbst wenn das Weltreich nur noch Geschichte ist, so prägt die verklärte Erinnerung daran bis heute die Menschen. Vielleicht fürchten sich deshalb viele Briten vor der Zukunft in einem vereinten Europa. Für dieses trotzige Selbstbewusstsein seiner Landsleute hat Winston Churchill das passende Wort geprägt: »Inselrasse«.

Von Kent nach Cornwall

Verbunden ist die Insel mit dem Festland durch die technische Meisterleistung des 50,2 Kilometer messenden Kanaltunnels. Trotzdem hat es etwas für sich, mit dem Schiff nach Dover zu reisen. Die langsame Annäherung an die weißen Klippen und der Duft von Seewasser, Schiffsschmiere und Tee haben etwas ungemein Beruhigendes. Von Dover mit seiner Festungsanlage, die den Hafen hütet, kommt man nach einer kurzen Fahrt durch die heitere Gartenlandschaft von Kent zu einer der schönsten Städte der Insel: Canterbury. Seit den Tagen der Angelsachsen hatten hier die ranghöchsten Erzbischöfe der Insel ihren Sitz, unter ihnen der unbeugsame Thomas Becket, der 1170 seine Opposition gegen die Kirchenpolitik Heinrichs II. mit dem Leben bezahlte. Das Grab des 1174 heilig gesprochenen Märtyrers avancierte zum mittelalterlichen Lourdes Englands. Der Dichter Chaucer hat im 14. Jahrhundert die Wallfahrt einer bunt gemischten Pilgergruppe zum Aus-

gangspunkt seiner derben »Canterbury-Tales« gemacht. Von 1070 bis 1468 wurde nahezu ununterbrochen an der Kathedrale gebaut, sodass die Türme, Schiffe und Kapellen einem imposanten Bilderbuch der englischen Architekturgeschichte gleichen. Ein schärferer Kontrast zum frommen Canterbury als Brighton lässt sich wohl kaum denken. Alles in diesem Seebad ist von einer ohrenbetäubenden Heiterkeit. Bingohallen konkurrieren mit Trinktempeln, und verschwiegene Hotels laden zum »dirty weekend«, dem kurzen Seitensprung, ein. Selbst die aristokratischen Anfänge des Seebades im 18. Jahrhundert waren nicht sehr vornehm: Die chronique scandaleuse weiß von unzähligen Eskapaden und Affären zu berichten, darunter jene des späteren Königs Georg IV. (1820–1830), der hier 1785 die schöne Maria Anne Fitzherbert zu seiner Nebenfrau erhoben hatte. Der extravagante Geschmack des Kronprinzen kristallisierte sich im »Royal Pavilion«. Die Sommerresidenz wirkt wie ein orientalischer Märchenpalast, den ein dienstbarer Flaschengeist von den staubigen Ebenen Indiens an Englands grüne Küste getragen hat.

Die Industrie- und Hafenstadt Portsmouth birgt die Ikone der englischen Seefahrtsgeschichte: Ihrer Majestät Schiff Victory. Das bullige Linienschiff mit seinen über 100 Kanonen war 1805 das Flaggschiff Lord Nelsons in der Schlacht von Trafalgar, als mit einem Schlag das Rückgrat der napoleonischen Seemacht gebrochen wurde. Der großte Admiral der englischen Geschichte starb für diesen Sieg, doch für 100 Jahre sollte es niemand mehr wagen, die Engländer auf dem Meer herauszufordern.

Nordwestlich der Hafenstadt liegt Wiltshire. Heute eine verschlafene Grafschaft, muss die Region zwischen 3000 und 1500 vor Christus ein Mekka der Steinzeit gewesen sein. Gleich zwei stolze Steinringe krönen die windumwehte Ebene von Salisbury: Stonehenge und Avebury. Stonehenge beeindruckt mit seinen gewaltigen Trilithen (Dreisteinen), deren Pfeiler bis zu 50 Tonnen wiegen, der Steinkreis von Avebury umfängt ein ganzes Dorf. Die Schöpfer dieser hünenhaften Monumente haben es eigentlich nicht verdient, von der Wissenschaft ausgerechnet nach ihrer zerbrechlichen Keramik als »Glockenbecherleute« bezeichnet zu werden.

Die geordnete Welt des »Zeitalters der Vernunft« umfängt den Besucher in Bath. Schon die Römer hatten die Thermalquellen in ein Badehaus eingefasst, doch dann geriet die Kunst des Badens in Vergessenheit. Als die Menschen des 18. Jahrhunderts, allen voran der umschwärmte Dandy Richard Nash, das Kurbad neu entdeckten, strömte die Londoner Gesellschaft jeden Sommer in den vornehmen Kur-

Das Albert Dock ist eine der zahlreichen Attraktionen Liverpools. An seinem kulturellen und kulinarischen Angebot gibt es für den Besucher kein Vorbeikommen, in bezaubernden Souvenirshops kann man das passende Erinnerungsstück ergattern.

ort. Meisterarchitekten wie John Wood d. J. schufen die Bühnenbilder für diese Selbstinszenierung, darunter den Royal Crescent: 30 Bürgerhäuser oder besser gesagt Bürgerpaläste, die in perfekter Symmetrie und Harmonie einen Halbmond beschreiben. Von Bath führt der Weg nach Westen durch die Grafschaften Somerset und Devon, wo beschauliche Kathedralenstädte wie Wells und Exeter mit kleinen Marktflecken um die Ehre wetteifern, möglichst viele unserer England-Sehnsüchte zu erfüllen. Das westliche Finale dieser Idylle ist Cornwall, dessen Küstenstädte eine pittoreske Mischung aus Piratennest und Künstlerkolonie sind. Dies gilt im besonderen Maße für St. Ives: Ursprünglich ein Hafen für die drei landestypischen Güter Fisch, Zinn und Schmuggelware, entdecken später die englischen Impressionisten das mediterrane Licht dieser Küste.
Der letzte Außenposten Englands sind die Scilly-Inseln, die 40 Kilometer vor der Westspitze Cornwalls dem Atlantik trotzen. Die Assoziation mit dem homerischen Seeungeheuer Skylla ist berechtigt: Unzählige Schiffe fanden in den mörderischen Riffen der Inseln ihr Verderben.

London – die leuchtende Metropole

London leuchtet! Moderne trifft an der Themse auf Tradition und aristokratische Zurückhaltung auf aufmüpfige Kreativität. Und schon längst trägt die einstige Hauptstadt des Empires die farbigen Züge unzähliger Völker aus allen Teilen der Welt. London gleicht einem riesigen Labor für das dritte Jahrtausend. Nirgends ist die Stadt futuristischer als in den »Docklands« im Osten der Stadt, wo die alten Kaianlagen der Westindienfahrer durch das Wohn- und Geschäftszentrum »Canary Wharf« überwuchert wurden. Darüber wacht der 244 Meter hohe namenlose Riese eines Wolkenkratzers.
Zwischen den Docklands und der Londoner City überspannt die Towerbridge die Themse. Die 1894 vollendete Zugbrücke ist ein Symbol ihrer viktorianischen Zeit. Die Fassade ist gotisch verträumt, doch dahinter schlug ein damals hochmodernes hydraulisches Herz. Der angrenzende Tower, errichtet zu dem Zweck, die zuweilen aufmüpfigen Bürger in Schach zu

halten, steht für düstere Geheimnisse. Hier kam der debile König Heinrich VI. unter mysteriösen Umständen ums Leben, und hier brachte Shakespeares Erzschurke Richard III. seine beiden Neffen um. Zu den Insassen dieses exklusiven Staatsgefängnisses zählten so unterschiedliche Charaktere wie der heilige Thomas More, die Prinzessin und spätere Königin Elizabeth I., der Abenteurer Walter Raleigh und Hitlers Stellvertreter Rudolf Hess. Die starken Bastionen bewahrten den Tower vor der entsetzlichen Katastrophe des Jahres 1666, als vier unendlich lange Tage ein Feuer in London wütete, Straßenzug um Straßenzug in seinen Flammen verschlang und 250 000 Menschen obdachlos machte. Auch die gotische St. Pauls Kathedrale wurde nicht verschont. Der Geist, der London wie einen Phönix aus den rauchenden Trümmern aufsteigen ließ, war Sir Christopher Wren. Fünfzig Kirchen wurden nach den Plänen des Oxforder Gelehrten errichtet. Sein Meisterwerk aber wurde die neue St. Pauls Kathedrale. Der Bau sollte die göttliche Mathematik widerspiegeln und so schwingt sich seine Kuppel auf exakt 365 Fuß (111 Meter) auf. Außer dem Petersdom in Rom gibt es kein größeres Gotteshaus der Christenheit. Trotzdem ist St. Paul nicht die Königin der Londoner Kirchen. Dieser Ruhm gebührt der Abtei von Westminster, der Grablege von Englands heiligem König Edward dem Bekenner. Ursprünglich eine angelsächsische Benediktiner-Abtei, ließ Heinrich III. (1216–1272) die Kirche im Stil der französischen Gotik neu errichten. Die Abteikirche ist die Hauskapelle der Monarchie. Englands Krönungsstuhl wartet hier am Schrein Edwards, und unter schweren Grabplatten ruhen die königlichen Gebeine von Heinrich III., Edward I. und Elizabeth I.

Im Schatten der Abtei lag einst die Stadtresidenz der Könige, die im 16. Jahrhundert großzügig dem Parlament überlassen wurde, weshalb dieses bis heute auch den stolzen Namen »The Palace of Westminster« trägt. Nach einem Brand wurde zwischen 1840 und 1888 das gotische Labyrinth des Abgeordnetenhauses nach den Entwürfen des Architekten Charles Barry errichtet. Nördlich des Parlamentes schließt sich der Regierungsbezirk von Whitehall an, mit zahlreichen Ministerien und der unscheinbaren Residenz des mächtigsten Mannes im Staate: Nr. 10 Downing Street, seit 1735 Amtssitz des Premierministers.

Auch wenn der Königin innerhalb des politischen Systems nur eine repräsentative Rolle zufällt, so braucht London die Monarchie. Die perfekten Inszenierungen der Wachablösungen, die königlichen Feste, ja selbst die Skandale sind gelebte Tradition, die der Stadt ihren einzigartigen Glanz verleihen. Vieles trägt an der Themse das Güteprädikat »royal«: Opernhäuser und Akademien, Altersheime und Studiengesellschaften. Neben der Monarchie sind die 170 Museen Londons größter Anziehungspunkt, allen voran das ehrwürdige Britische Museum mit seiner archäologischen Sammlung und die Bilderfluten der National Gallery. Das wahre Londoner Leben findet aber woanders statt – irgendwo zwischen Pub, Sportplatz und Kirchenbasar.

Schlote und Kathedralen

Im Nordwesten Englands hat die Moderne begonnen, als Textilmaschinen, Dampfkraft und Eisenbahn das Leben der Menschen radikaler veränderten als Aufklärung und Bastillesturm. Zwischen 1750 und 1850 explodierten die Städte im Industrierevier zwischen Birmingham, Manchester, Leeds und Sheffield. Die Arbeitsbedingungen waren so katastrophal wie die Unterkünfte. Kinderarbeit, Mangelernährung und Epidemien ließen die Lebenserwartung rapide sinken. Die neue Aristokratie der Textilbarone und Stahlmagnaten feierte trotzdem unbekümmert ihren Wohlstand in hochmütigen Rathäusern, die den Mangel an Geschichte überspielen sollten: Birminghams »Town Hall« gleicht einem griechischen Tempel, Sheffield prunkt mit der Kopie eines Renaissancepalastes und Manchesters neue Patrizier ließen eine gotische Rathauskathedrale errichten, in der ein Freskenzyklus den Gewerbefleiß verherrlicht.
Der Hafen, der den industriellen Moloch des Nordwestens mit Rohstoffen versorgte, war Liverpool. Baumwolle, Tabak und Zucker füllten einst die Speicherhäuser der Docks am Mersey, während gleichzeitig fünf Millionen Auswanderer von hier in die Neue Welt aufbrachen. Es waren irische Gastarbeiter, die die Liebe zur Musik in die Arbeiterviertel der Stadt brachten und so vielleicht die Grundlage für den größten Mythos der Popmusik schufen: Am 21. Februar 1961 erlebte der Cavern Club die Geburt einer Legende, als vier Liverpooler Musiker ihr Debüt gaben: die Beatles. Der andere Mythos der Stadt heißt FC Liverpool. Kein Fußballverein der Welt wird inniger geliebt oder bietet mehr Menschen Trost in Elend und Arbeitslosigkeit. Das Lebensgefühl der Liverpooler spiegelt sich in der Hymne des Vereins wider: »You'll never walk alone.«
Nordengland, die große Mutter des Industriezeitalters, verzaubert zugleich mit ihrer reichen mittelalterlichen Mitgift. Die erlesensten Juwelen sind die drei Städte Lincoln, York und Durham, deren Kathedralen weit über das Land strahlen. Wie viele englische Städte ruht auch Lincoln auf römischen Fundamenten. Die

Den legendären Hang der Engländer zur Exzentrik merkt man ihnen in ihrer Architektur nur selten an. Hier gilt das Bauprinzip der Wiederholung: Wie Perlen an einer Schnur sind diese Häuser in Brixham gleichförmig aufgereiht.

Blütezeit aber erlebte Lincoln im Mittelalter, als der Wollhandel Reichtum brachte. Seine Kathedrale zählt zu den schönsten der Insel. An Größe übertroffen wird Lincoln durch das Münster von York. Der bescheidene Name »Minster« täuscht über die wahre Bedeutung der Kirche hinweg. Die Achsenlänge liegt bei 128 Metern und der wuchtige Turm des Münsters erhebt sich auf kühne 65 Meter. Glücklicherweise haben die mittelalterlichen Kirchenfenster genauso die stürmischen Zeitläufe überlebt wie die wundersame Chorschranke: Nicht Heilige oder Propheten zieren sie, sondern die selbstbewussten Statuen von 15 englischen Königen. Seit der Christianisierung im 7. Jahrhundert ist York das christliche Zentrum Nordenglands und sein Erzbischof war oft ein machthungriger Rivale seines Amtsbruders zu Canterbury. Keine Stadt in England, London ausgenommen, hat mehr Geschichte erlebt als York. Im römischen »Eburacum« wurde Konstantin der Große zum Kaiser ausgerufen, im frühmittelalterlichen »Eofirwic« regierten angelsächsische Könige und 866 wurde die Stadt Beute der Wikinger, die sie nun in »Jorvik« umtauften. Zwei Jahrhunderte regierten die Nordmänner. Besonders reich sind die Denkmäler aus dem Hochmittelalter, denn neben der Kathedrale erinnern Fachwerkhäuser, eine Burg sowie eine Stadtmauer von fast fünf Kilometern Länge an diese glanzvolle Epoche der nördlichen Metropole. York war auch die Diözese von Durham unterstellt. Deren Bischof war nicht um sein Amt zu beneiden, denn hoch im Norden Englands musste dieser seine Schäfchen nicht nur gegen die Anfeindungen des Teufels verteidigen, sondern ebenso gegen die Schotten, die nur zu gerne die Grenze zu einem kleinen Plünderzug überschritten. Sein Bischofssitz ist deshalb ein wehrhafter Zwitter aus Kirche und Burg. Kraftvoll ist selbst das romanische Langhaus der Kathedrale, eines der schönsten Beispiele normannischer Architektur.

Englands »letzte« Stadt ist Berwik-upon-Tweed, das gleich 13 mal in seiner bewegten Geschichte zwischen England und Schottland den Besitzer wechselte, bis es 1482 endgültig an die englische Krone fiel. Nördlich des Tweeds beginnt dann Schottland.

Wenn der Tag geht, beginnt der Traum in Conwy Castle im Nordwesten von Wales. Überall im Land stößt der Reisende auf mächtige Burgen, denen ein Zauber innezuwohnen scheint.

Hiraeth – das Lebensgefühl der Waliser

Wales ist ein gesegnetes Land: grüne Hügel, hoch aufragende Küsten und adrette Städtchen. Trotzdem sind die Lieder der walisischen Barden angefüllt mit Melancholie. »Hiraeth« heißt dieses Lebensgefühl, eine Mischung aus Heimweh und Sehnsucht nach einer erträumten Vergangenheit. Zu oft musste das Volk der Waliser aus dem Kelch der Demütigung trinken, der ihm vom mächtigen Nachbarn England gereicht wurde. Schon die englische Bezeichnung »Welsh« (Fremder) ist abwertend. In ihrer eigenen Sprache nennen sich die Waliser »Cymry«, was soviel wie Kameraden bedeutet. Sprache und Kultur der Waliser sind keltisch geprägt, aber in ihren Adern fließt noch das uralte Blut der ersten Einwanderer, die lange vor den Kelten die Insel besiedelten. Während durch die Völkerwanderung England angelsächsisch wurde, lebte in den Fürstentümern Wales' eine keltisch-christliche Kultur weiter, jener Irlands nicht unähnlich. Der Schutzpatron von Wales ist St. David, der 550 in der gleichnamigen Stadt eine Kirche und ein Kloster gegründet hatte. Heute steht an der Stelle der Kirche eine Kathedrale aus dem 12. Jahrhundert.

Schon die ersten Normannenkönige warfen gierige Blicke auf Wales und begannen mit der Eroberung des Landes. Die letzten Leuchtfeuer der Freiheit löschte dann König Edward I. Er tötete den Fürsten von Wales, Llywelyn, sowie dessen Bruder, und überzog das Land mit einem Ring von Trutzburgen, darunter die 13-türmige Festung von Caernarfon, eine der größten Burgen Europas. Hier wurde 1301 – zum Missfallen der Waliser – der Sohn Edwards I. zum neuen »Prince of Wales« ausgerufen. Bis heute trägt der englische Kronprinz diesen Titel. 1969 war die Burg Kulisse für die Einsetzung Prinz Charles' als Prinzen von Wales.

Jahrhundertelang wurde die nationale Kultur unterdrückt und sogar die fremd klingenden Familiennamen zwangsweise zu »Jones« anglisiert. Im 18. Jahrhundert setzte dann eine kymrische Renaissance ein. Die fast ausgestorbene Sprache wurde wiederbelebt und auf Barden- und Sängerfesten erstarkte das Selbstwertgefühl. Der walisische Nationalismus blieb friedlich, forderte aber resolut mehr Autono-

mie. Erst 1999 gewährte die Labour-Regierung Tony Blairs neben Schottland auch Wales ein eigenes Länderparlament mit Sitz in Cardiff. Wales' schönste Reiseziele liegen im Norden des Landes, wo Küstenstädte wie Bangor, Conwy und Holyhead und Seebäder wie Llandudno oder Aberdaron den Besucher verzaubern. Die Diva unter den Städten aber ist Llangollen am River Dee, eingebettet in eine wildromantische Landschaft. Für den literarischen Ruhm des kleinen Landes im 20. Jahrhundert steht der Name Dylan Thomas, jener Dichter, der seiner Heimat mit »Unter dem Milchwald« ein wortgewaltiges Denkmal setzte. Thomas selbst charakterisierte sich als »Dreifaltigkeit«: »Ich bin ein Waliser; ich bin ein Trinker; und ich bin ein Freund der menschlichen Rasse, besonders des weiblichen Teils.« 1953 starb der letzte der Barden nach Alkoholexzessen in einem New Yorker Krankenhaus – auch er ein Opfer von »Hiraeth«.

Seite 22/23:
Las Vegas, Kristallpalast und Schiffsdeck – von allem etwas ist die Palace Pier in Brighton, über 500 Meter mit Spielhallen, schrillen Läden und Imbissbuden. Hier zählt nur eine einzige Maxime: »Vergnüge dich!«

Seite 24/25:
Nur zu Fuß kann man durch die steilen und schmalen Gassen des Fischerdorfes Clovelly an den Hafen gelangen. Der Ort steht unter Denkmalschutz, so kann er sein malerisches Erscheinungsbild auch in Zukunft bewahren.

TURBO

Cottage
Bed & Breakfast
Vacancies

Die sanfte Welt Südenglands

Dover ist das starke Tor Englands. Seit über 900 Jahren wacht eine normannische Burg über der Küste im Südosten. Kein Feind, weder Spanier, Franzose oder Deutscher, nahm mit seinen Kriegsschiffen den Hafen jemals ein.

Reich beschenkt durch die Wärme des Golfstromes breitet sich ein grünes Meer über den Süden Englands aus. Obst, Gemüse und Getreide gedeihen prächtig, und selbst Wein wird angebaut. Große Wälder aber fehlen. Englands Eichen wurden Opfer des Flottenbaus und der industriellen Revolution. Statt dessen verleihen kleine Bauminseln der sanften Parklandschaft poetische Akzente. Britanniens Meistergärtner verstanden es, die natürliche Schönheit der Landschaft in ihre Gartenarchitektur einzuweben. Blühendes Beispiel hierfür ist Stourhead, ein englisches Arkadien mit künstlichen Seen und römischen Tempeln, das wundersam mit der umgebenden Natur verschmilzt. Nur gelegentlich gefällt sich die englische Natur in der dramatischen Rolle. Das herbe Hochmoor von Dartmoor, eines der größten Naturschutzgebiete Europas, zählt zu diesen Plätzen. Besonders an nebelverhüllten Herbsttagen beschleicht den Wanderer Schwermut und längst vergessen geglaubte Schrecken der Kinderzeit kriechen wieder hoch.

Doch nur wenige Meilen von Dartmoor bietet die »englische Riviera« zwischen Torquay und Brixham wieder einen heiteren Kontrast. Der Vergleich mit der Mittelmeerküste ist nicht unberechtigt, denn selbst im Winter bleiben die Temperaturen äußerst mild, sodass tropische Gewächse sich hier heimisch fühlen. Obgleich Wandern nicht gerade zu den englischen Leidenschaften gehört, ist die Schönheit der Küste durch den South West Coast Path erschlossen. Auf 962 Kilometern Länge umrundet dieser Weg von Minehead am Bristol Channel bis zum Städtchen Poole in Dorset die ganze Westspitze Englands. Der Grafschaft Dorset vorgelagert liegt die Isle of Wight, eine bezaubernde Insel von 380 Quadratkilometern mit Kreideklippen, gotischen Kirchen und stattlichen Herrenhäusern. Kein Wunder also, dass Königin Victoria und ihr deutscher Prinzgemahl Albert den Aufenthalt auf diesem Miniatur-England so sehr liebten.

In die Domfreiheit von Canterbury, den Kathedralenbezirk, gelangt man durch das Christ Church Gate aus dem 16. Jahrhundert. Bereits im frühen Mittelalter verfügte der Bezirk über eine eigene Domschule, auf deren Tradition die berühmte King's School von Heinrich VIII. fußt.

Neben seinen historischen Denkmälern zählen auch die Antiquitätenläden, Restaurants und adretten Hotels zu den Attraktionen der Bischofsstadt Canterbury.

Linke Seite: *William of Sens hieß der französische Baumeister, der im 12. Jahrhundert das Wunder der Kathedrale von Canterbury konzipierte. Danach fiel es englischen Architekten zu, sein epochales Werk zu vollenden. Der Erzbischof von Canterbury ist der theologische Kopf der anglikanischen Kirche, ihr juristisches Oberhaupt ist der englische Monarch.*

Oben:
Kent mit seinen Obstplantagen ist der liebliche Vorgarten Englands. Besonders die 5000-Seelengemeinde Rye, mit ihren gemütlichen Pubs und schmucken Cottages, erinnert an das perfekte England unserer Schulbücher.

Rechts:
Hever Castle war die Kulisse der heiteren Jugend von Anne Boleyn, der zweiten Gemahlin Heinrichs VIII., die später ihren Aufstieg zur Königin mit dem Leben bezahlen sollte. 1903 erwarb der amerikanische Industriemagnat William Astor das Anwesen.

Oben:
Das Prädikat »königlich« verdankt Royal Tunbridge Wells seinen Heilquellen. Vornehmes Zentrum der Stadt sind die »Pantiles«-Arkaden mit dem eleganten Charme des 18. Jahrhunderts.

Links:
Nur wenige Kilometer südlich von Canterbury liegt der Marktflecken Chilham mit seinem von Fachwerkhäusern gerahmten Dorfplatz.

Links: Noch als Ruine zeugt Corfe Castle von der Macht und Größe der normannischen Könige. In den wilden Jahren des Bürgerkrieges leistete die Burg unter der Führung der mutigen Lady Bankes energischen Widerstand gegen die Truppen Cromwells. Erst Verrat besiegelte ihr Schicksal.

Links Mitte: Nie belagert, nie zerstört, ist Bodiam Castle aus dem Hochmittelalter vielleicht die schönste unter den Wasserburgen Englands. Kein Wunder also, dass schon früh die Filmindustrie die Wehranlage entdeckte.

Links unten:
Herrschaftlich spiegeln sich die Gemäuer des Tudorschlosses im Wasser. So diente Herstmonceux Castle bereits als Drehort für Film und Fernsehen.

Unten:
Die Burg von Arundel wurde während des Bürgerkrieges völlig zerstört. Doch im viktorianischen Zeitalter baute man sie wieder auf.

Eastbourne, in der Grafschaft East Sussex gelegen, zählt über 100 000 Einwohner. Seit dem 18. Jahrhundert genießt das im viktorianischen Stil erbaute Seebad großes Ansehen.

Bilder rechts: Unterhaltung wird großgeschrieben in Eastbourne. Gegen Ende des 19. Jahrhunderts öffnete das Pier seine Pforten, auf dem sich die Besucher heute in verschiedenen Vergnügungseinrichtigen amüsieren können. Nichts an der heute glanzvollen Seepromenade mit seinen imposanten Häusern und Luxushotels erinnert an das arme Fischerdorf von einst. Zahlreiche Souvenir- und Antiquitätenläden laden zum Verweilen ein.

Zirka 40 Kilometer (25 Meilen) von Eastbourne entfernt, liegt das mit etwa 190 000 Einwohnern größte und wohl bekannteste Seebad Englands. Seit Brighton mit seinen wertvollen Quellen und seinem heilsamen Seeklima zum Kurort avancierte, strömten die Besucher hierher in der Hoffnung auf Linderung ihrer Krankheiten und um Kraft zu tanken. Doch leider konnte man den Massentourismus nicht fernhalten, der das traditionelle Bild Brightons seitdem verändert hat. Neben Familienmitgliedern des Königshauses zählten Schriftsteller und Schriftstellerinnen, wie zum Beispiel Jane Austen, und viele andere Persönlichkeiten zu den Gästen Brightons.

An der Atlantikküste Nord-Devons zeigt sich das Fischerdorf Clovelly von seiner schönsten Seite. Viele der rund 400 Einwohner sichern ihre Existenz bis heute mit Fischfang.

Die HMS Victory ist nur eines der drei Museumsschiffe, die in Portsmouth anliegen. In den 1760er-Jahren fertiggestellt, diente es mit seinen fast 60 Metern Länge und 850 Mann Besatzung Admiral Nelson bei der Schlacht von Trafalgar als Flaggschiff.

Linke Seite:
Der Spinnaker Tower wird als das neue Wahrzeichen von Portsmouth gehandelt. Der seit 2005 zugängliche Aussichtsturm soll sich mit seinen 170 Metern Höhe seiner Form nach an das Marine-Flair in Portsmouth anlehnen.

Linke Seite:
Die Zinnminen von Pendeen. Einst war das Metall der größte Schatz Cornwalls. Bereits in der Antike wurde es bis ans Mittelmeer exportiert, um damit Bronze herzustellen. In den Tagen der industriellen Revolution stellte die kleine Grafschaft über die Hälfte des Weltbedarfs.

Aufregend und atemberaubend ist die wilde Natur Dorsets. Es muss Millionen von Jahren gedauert haben, bis Ebbe und Flut die „Durdle Door“ aus dem Fels modelliert hatten.

Mên-an-Tol liegt in Cornwall, in der Nähe von Penzance. Die sagenumwobene Steinformation ist nur eines von mehreren vorzeitlichen Monumenten der Grafschaft.

Unten:
Arkadien auf englischem Boden: Stourhead Gardens. Gerade einmal 36 Jahre alt, setzte sich der Bankier Henry Hoare 1741 zur Ruhe, um nur noch für seinen Landschaftsgarten zu leben. Harmonisch verbinden sich in Stourhead Natur und Architektur zu einem Gesamtkunstwerk.

Rechts oben:
Der Garten Compton Acres in Poole ist ein schönes Beispiel für die Weiterentwicklung der Gartenarchitektur im 20. Jahrhundert. Zitate aus der römischen Antike wurden in die Anlage eingefügt.

Rechts Mitte:
Die skandalumwobene Schriftstellerin Vita Sackville-West und ihr Mann legten den Garten von Sissinghurst Castle

an. In jahrelanger Arbeit schufen sie aus einer Brennnesselwüste einen Garten, der in einzelne Räume aufgeteilt ist.

Rechts unten: *Tintinhull Garden ist der »Kleinste« unter den großen Gärten der Inseln. Doch gerade seine liebevolle Intimität machte ihn zum Vorbild für unzählige englische Hausgärten.*

Links:
Sechzig Meter wilde Männlichkeit – der Riese von Cerne Abbas. Bis heute stellt der Gigant die Wissenschaft vor viele Rätsel. Ist er römisch oder aus einer namenlosen Epoche davor? Die Bauern der Gegend schwören bis heute auf seine magische Kraft.

Links unten:
Der Steinkreis von Avebury ist der größte der Welt. Fast hundert Steine bilde-

ten in grauer Vorzeit den äußeren Ring dieser Kultstätte, die um 2000 vor Christus angelegt wurde.

Unten:
Lebten hier einst Giganten? Stonehenge auf der Ebene von Salisbury war ein Weltwunder der Steinzeit. Die Anlage ist exakt nach astronomischen Richtlinien angelegt worden und diente daher möglicherweise als Kalendertempel. Doch bis heute blieben ihre Bauherren im tiefen Dunkel der Vorzeit verborgen.

Seite 44/45:
Die weißen Klippen von Beachy Head sind die höchsten an der Südküste Englands. Auf einzigartige Weise fügen sie sich in die Landschaft der Grafschaft Sussex ein.

Unten:
Über den Fluss Avon führt die Pulteney Bridge, die man auf einem Rundgang durch Bath nicht umgehen sollte. Sie ist nur eines der vielen architektonischen Meisterwerke des Kurortes.

Rechts oben:
Von der UNESCO zum Weltkulturerbe ernannt, zeigt sich Bath mit seiner imposanten Abteikirche von seiner schönsten

Seite. Nebenan befinden sich die römischen Bäder, die Bath zum Kurort der Wohlhabenden und Berühmtheiten haben aufsteigen lassen.

Rechts Mitte: *Prachtvoll präsentiert sich der Innenraum der Abteikirche von Bath. Die zahlreichen Fenster des 67 Meter langen Kirchenschiffs lassen es in seinem natürlichen Licht erscheinen.*

Rechts unten: *Einst die Kirche eines Klosters, erstrahlt die Kathedrale von Bath nach Zerstörungen und Restaurierungen mit ihrer ehrfürchtigen Westfassade in eindrucksvollem Glanz.*

Rechts und rechts Mitte:
Ein Pub mit literarischen Weihen: Im Jamaica Inn am Bodmin Moor schrieb Daphne du Maurier ihren gleichnamigen wild-romantischen Roman. Das Zimmer der Autorin ist zu besichtigen.

Rechts:
Der König unter den Käsesorten Englands ist der Cheddar. In den Feinschmeckerläden der gleichnamigen Stadt wird diese Spezialität in allen erdenklichen Qualitätsstufen und Reifegraden angeboten.

Oben:
Polperro war früher ein verrufenes Piratennest an der Küste. Wie viele malerische Orte in Cornwall hat sich auch Polperro mittlerweile auf die friedliche »Ausplünderung« von Reisenden verlegt, die nur zu gerne ihr Geld in den exzellenten Fischrestaurants loswerden wollen.

Links:
Cidermühle in Ilminster. Cider, also Apfelwein, einst das Getränk der armen Leute, erlebt in England zurzeit eine Renaissance. Besonders die herben Varianten sind im Sommer ungemein erfrischend.

Links oben:
Der St. Michaels Mount in Cornwall ist ein Ableger seines berühmteren Vetters in der Normandie. 1050 schenkte Edward der Bekenner den Benediktinern diesen Granitfelsen, damit diese auch in seinem Königreich ein Inselkloster errichten. 1425 fiel die Klosterburg wieder in den Besitz der Krone und wurde zur Festung ausgebaut.

Links Mitte:
Zwischen zwei Klippen eingebettet, erstreckt sich der Hafen von Polperro. In dieser malerischen Umgebung verbrachte der

Maler Oskar Kokoschka die Jahre seines Exils. Zu den Attraktionen des beliebten Orts zählt ein Schmuggler-museum.

Links unten: *An der Südküste Cornwalls öffnet sich der Hafen des Fischerdorfes Mevagissey zum Meer. Auch der alte Ortskern mit seinen engen, hübschen Gassen übt eine immense Anziehungskraft auf die Besucher aus.*

Unten: *Mit rund 12 500 Einwohnern hat sich Ilfracombe in der Grafschaft Devon zum beliebten Ferienziel an der Nordküste Devons entwickelt.*

Auf den Spuren des König Artus

Es nahm seinen Anfang im Chaos. Römisches Recht und Ordnung hatten die Insel verlassen, und von den Küsten der Germanen fielen die Krieger der Angeln und Sachsen ein – hungrig nach Land und Beute. In jenen dunklen Tagen am Ende des 5. Jahrhunderts, so überliefert der Mönch Nennius, stand der britische Herzog Artus gegen die Sachsen auf und besiegte den heidnischen Feind in zwölf blutigen Schlachten. Ein walisischer Annalist notiert für das Jahr 511 lakonisch: »Schlacht von Camlann, in der Modred und Artus umkamen, und es gab ein großes Sterben in Britannien.«

Mehr wissen die frommen Chronisten nicht zu berichten, trotzdem sollte der Name Artus der glänzendste Traum des Mittelalters werden. Aus britischen Kriegern machten die Dichter Ritter der Tafelrunde und aus dem Herzog wurde der größte König der Christenheit, ein niemals versiegender Quell der Gerechtigkeit. Der Vater der Legende ist Geoffrey of Monmouth. In seiner 1135 verfassten »Geschichte des Königreichs Britannien« lässt er Artus über ein Imperium herrschen, das sich von Norwegen bis Frankreich erstreckt. Für Jahrhunderte sind die Geschichten der Tafelrunde das beliebteste Sujet der englischen Literatur. Immer phantastischer wird das Personal: Königin Guinevere, die unvergleichlich schöne Gemahlin von Artus; Lanzelot, edelmütig wie kein Zweiter, sündig aber in seiner unkeuschen Liebe zur Königin; Parzival, ein reiner Tor, und deshalb berufen den Heiligen Gral zu finden; und Merlin, Sohn des Teufels und trotzdem Magier des Guten. Die ganze Christenheit berauscht sich an diesen Geschichten, und selbst im fernen Apulien kennt man den magischen Namen Camelot.

Camelot und Avalon

Immer wieder haben Menschen diese Burg gesucht, und nicht wenige meinen, den Ort in Cadbury Castle gefunden zu haben. Weder hoch aufragende Mauern gibt es dort, noch stolze Türme. Cadbury Castle ist ein trauriger Hügel in der Grafschaft Somerset, ein Überrest einer eisenzeitlichen Wallanlage, der von Kühen beherrscht wird. Doch die archäologischen Funde belegen, dass hier einst ein britischer Fürst seinen Hof hatte. Sicher nicht der Artus der Tafelrunde, aber vielleicht der tapfere Kriegsherr, den Nennius beschreibt.

Nur wenige Meilen von Cadbury Castle entfernt liegt Glastonbury. Die Kleinstadt mit ihren knapp 9000 Einwohnern ist die mystische Metropole, wo christliche Legende und keltische Sagen zu einem schillernden Amalgam verschmelzen. Die Phantasie der Sage hat aus der ehemaligen Sumpfinsel Morganas Feenreich der »Apfelinsel« Avalon gemacht – eine keltische Halbwelt zwischen Leben und Tod, Erde und Himmel, wo König Artus auf seine Rückkehr zu den Menschen ausharrt. Zugleich soll die Insel aber auch die unvergleichliche Reliquie des heiligen Grals hüten. In der Gründungslegende der Abtei von Glastonbury ist zu lesen, dass Joseph von Arimathia den Kelch des letzten Abendmahles auf die Insel gebracht hatte. 1184 wurde die Abtei durch ein Feuer verwüstet; da war es ein »Glücksfall«, dass man beim Wiederaufbau auf das Grab König Artus' stieß. Von nun an flossen die Spenden reichlich und die erlauchten Gebeine im Chor der neuen Abteikirche sorgten für einen lukrativen Pilgerstrom. Heute sind es vor allem die neuheidnischen Gralsritter der New Age Bewegung, die die Suche nach »keltischen Kraftlinien« nach Somerset führt.

Die Mauern von Tintagel, atemberaubend auf einer Steilklippe gelegen, sind leider keine Zeugen der Artuszeit. Sie stammen aus den Jahren nach 1145. Allerdings muss die Klippe schon früher eine Burg getragen haben, denn schon bei Geoffrey von Monmouth nimmt die Artusgeschichte in Tintagel ihren Anfang. Die Burg

Links: *Auch die Italiener kannten den Mythos der Ritter der Tafelrunde, die zu Abenteuern auszogen, aber immer wieder an die runde Tafel zurückkehrten – hier in einer italienischen Miniatur des 14. Jahrhunderts.*

Oben: *Die Ruinen von Glastonbury liegen im Schnittpunkt zweier großer Legendenstränge: der Sage vom Heiligen Gral und dem unsterblichen Heldenlied von König Artus und seiner Tafelrunde.*

ist das düstere Gegenstück zum strahlenden Camelot: In Tintagel verfällt König Uther dem Liebeswahn. Derart brennend ist seine Leidenschaft für Ygerna, Gemahlin des Herzogs von Cornwall, dass Merlin ihm dessen Gestalt verleihen muss, um der Frau beiwohnen zu können. Und während der echte Herzog auf dem Schlachtfeld verblutet, zeugt Uther mit Ygerna einen Sohn – Artus. Wie eine Erbsünde wird die Tat Uthers den Traum von Camelot überschatten. Der Ehebruch Lanzelots mit Königin Guinevere spaltet die Tafelrunde. Und Modred, sein eigener Neffe, wird zum Todesengel. In einer mörderischen Schlacht empfängt Artus von Modred eine tödliche Verwundung. Excalibur, das Schwert seiner Macht, verschlingen die Fluten. Der König aber entschwindet auf einer Barke ins Feenreich. Von dort wird er wiederkehren, am Ende aller Zeiten.

Rechts oben: *In Tintagel nahm die Artussage ihren Anfang. Unweit davon liegt der Marktflecken Camelford, einer der vielen Orte, die sich rühmen, einst den Namen Camelot getragen zu haben.*

Rechts Mitte: *Die Annalen von Glastonbury schrieben das Jahr 1191, als man die Gebeine von König Artus und seiner Gemahlin entdeckte. Die Geschichte der Abtei endete profan im Jahre 1539 mit der Auflösung durch die Krone. Was allerdings mit den vermeintlichen Artusgebeinen geschah, darüber schweigen die Quellen.*

Rechts: *Eine weitere italienische Darstellung der Tafelrunde in einem spätmittelalterlichen Manuskript.*

Links:
Auch wenn Großbritannien die Weltmeere längst nicht mehr beherrscht, die Faszination Meer bleibt. Wie sonst ließe sich das Phänomen erklären, dass jeden Sommer ganze Heerscharen von Landratten in den Hafen von St. Ives einfallen?

Links Mitte:
Eine bezaubernde, maritime Schönheit ist der kleine Küstenort Lyme Regis mit seinen knapp 5000 Einwohnern, den schon die Schriftstellerin Jane Austen zu schätzen wusste.

Links unten:
Auch in Plymouth dürfen die roten Telefonzellen nicht fehlen. Sie gehören ebenso sicher ins Bild Englands wie die Gewissheit, dass nach einem kurzen Schauer sogleich die Sonne wieder scheint.

Unten:
»The Hoe« ist ein Aussichtspark mit Leuchtturm in Plymouth. Überall stößt man hier auf die große maritime Vergangenheit Großbritanniens: Denkmäler verkünden die Taten von Sir Francis Drake, Raleigh und Cook; ein Siegesmonument erinnert an die Vernichtung der spanischen Armada im Jahre 1588.

Oben:
Der Nationalpark von Exmoor hat zwei Gesichter: Manchmal erinnert er an eine liebliche Heidelandschaft, um sich dann wild zu gebärden. Früher war Exmoor ein königliches Jagdrevier, heute dient der Park vor allem der Schafzucht.

Rechts:
Im Herzen des Dartmoor National Parks findet man das kleine Örtchen Postbridge. Es ist ein beliebter Ausgangspunkt für Wanderungen im Dartmoor. Seine wunderschöne Granitbrücke ist zugleich eines der eindrucksvollsten Exemplare der Clapper Bridges, die in dieser Gegend im Mittelalter errichtet wurden.

Oben:
Dartmoor-Nationalpark: Nirgends ist England wilder, nirgends ist England zeitloser. Der Nationalpark umfasst nahezu 1000 Quadratkilometer, fast ein Drittel davon ist im Besitz seiner königlichen Hoheit, des Prinzen von Wales.

Links:
Der Dartmoor Forest war einst ein königliches Jagdgebiet mit einem großen Eichenbestand. Über Jahrhunderte haben Ackerbau, Haus- und Schiffsbau den Wald beträchtlich dezimiert. Heute wachsen hier Heidekraut und Ginster in einer Moorlandschaft die mit vielen kleinen Flüssen und Bächen durchzogen ist.

Dramatisch gibt sich die englische Küste im Valley of the Rocks bei Lynton. Ein Küstenpfad gibt die Möglichkeit, das elementare Schlachtfeld von Wasser und Stein kennenzulernen.

Lands End, der westlichste Punkt Englands, ist geprägt von schöner Natur, rauem Wind, aber doch mildem Klima. Nach einem Spaziergang auf der gleichnamigen Landzunge genießt man landestypisch eine gute Tasse Tee.

Rechte Seite: Die gewaltige Kraft der Natur ist auch an der Küste bei Tintagel zu spüren. Die Wellen schlagen mit großer Wucht gegen die aus dem Meer herausragenden Felsen.

London – ein Universum für sich

Die prächtige Silhouette des Palace of Westminster, des englischen Parlaments, wird von seinen zwei Türmen beherrscht: links der 102 Meter hohe Victoria Tower, rechts der etwas niedrigere Uhrenturm Big Ben, das Wahrzeichen Londons.

Lyndum« – hochgelegener Ort – nannten die Kelten ihre Siedlung am Ufer der Themse. Römer und Angelsachsen regierten hier, und seit dem 11. Jahrhundert war London das unangefochtene Zentrum des Königreichs von England, das den Aufstieg und Fall ganzer Dynastien mit selbstsicherer Gelassenheit beobachtete. Unaufhaltsam war das Wachstum der Stadt, weder Kriege noch Epidemien oder Brandkatastrophen konnten es langfristig bremsen. Bereits am Ende der Tudorzeit zählte die Stadt 300 000 Einwohner, 1801 waren es 800 000 und als 1901 Königin Victoria starb, war London mit 4,5 Millionen Einwohnern die größte Stadt der Erde. Heute leben über sieben Millionen Menschen im Großraum London, aufgeteilt in 33 Stadtbezirke. Dem alten Kern der Stadt London, der City, steht seit dem 13. Jahrhundert der »Lord Mayor« vor. Auch wenn dieser Bürgermeister über gerade einmal 2,6 Quadratkilometer und 8000 Einwohner regiert, verfügt die City über mehr Macht und Reichtum als die meisten Länder der Erde. Auf dem neben New York wichtigsten Banken- und Börsenplatz der Welt wechseln bis zu 450 Milliarden Dollar täglich den Besitzer. Die politische Macht findet sich im Stadtteil Westminster, wo neben Monarchie, Parlament und Premierminister alle wichtigen Ministerien des Königreiches angesiedelt sind. Auch die weniger prominenten Stadtviertel Londons können eine bewegte Biografie vorweisen: das intellektuelle Bloomsbury, wo im Schatten des Britischen Museums Virginia Woolf und D. H. Lawrence den modernen Roman erfanden; das maritime Greenwich, wo hinter Marmorkolonnaden Englands Seehelden ihr Handwerk erlernten und dem Globus sein Korsett aus Zeitlinien angepasst wurde; oder das verrufene Eastend, einst Jagdrevier des diabolischen »Jack the Ripper«. Unterhaltung findet der Besucher in Soho, Museumspaläste in South Kensington und das legendäre Kaufhaus Harrods in Knightsbridge. Die exklusiven Clubs für den Gentleman liegen im noblen St. James, die billigen Kneipen in Southwark. London ist sich eben sein eigenes Universum.

Links:
Lange Zeit war die königliche Residenz, der Buckingham Palace, den Besuchern verschlossen. Doch seit einigen Jahren öffnet sich das Schloss den neugierigen Blicken, wenn ihre Majestät zur Sommerfrische in Schottland weilt.

Unten:
Die »Hofkapelle« der englischen Monarchie: Westminster Abbey. Seit dem Mittelalter Krönungsort und Grablege, dient sie zudem seit Jahrhunderten als Pantheon der Nation.

Unten:
Die 108 Meter lange Millennium Bridge ist das Ergebnis eines Architekturwettbewerbs. Nach heftigen Schwankungen und vorübergehender Sperrung kurz nach der Eröffnung im Juni 2000 kann man nun sicheren Schrittes vom Tate Modern aus zum Südufer gelangen und die Kuppel der St. Paul's Cathedral besteigen.

Links:
Wachablösung bei den »Horse Guards«, einem der zwei berittenen Garderegimenter der Krone. Ihr Erkennungszeichen ist der rote Rock, während die »Blues and Royals« eine blaue Uniformjacke tragen.

Seite 64/65:
Das Stadtbild von der Themse aus wird geprägt vom 183 Meter hohen Tower 42, dem höchsten Gebäude der City of London, und dem 30 St Mary Axe, dem Gebäude der Rückversicherung „Swiss-Re“. Seinen Spitznamen – Die Gurke – verdankt der markante Wolkenkratzer seiner Form.

Linke Seite:
Neben der erfolgreichen Medien- und Verlagswelt zählt London mit seinem Bankenviertel an der Themse zu den drei größten Finanzplätzen weltweit.

Am Südufer der Themse, im Herzen Londons, steht das mit 135 Metern höchste Riesenrad Europas. Bei gutem Wetter kann man an seinem höchsten Punkt bis zu 40 Kilometer weit sehen. Wer allerdings ein Ticket in einer der Gondeln ergattern möchte, sollte sich wegen des anhaltenden Interesses bereits vor seiner Reise nach London eine Fahrt im London Eye sichern.

Oben:
Die Tower Bridge zählt ohne Zweifel zu den bekanntesten Wahrzeichen Londons. Das Öffnen der Brücke ist ein seltenes Schauspiel geworden. Zu Zeiten der erfolgreichen Hafenstadt London musste sie die Baskülen öffnen, um großen Schiffe die Weiterfahrt zu gewähren.

Rechts:
Der Ausblick auf die Tower Bridge lädt bei schönem Wetter zum Verweilen ein. Aber auch der Blick von der hochgelegenen Fußgängerbrücke aus ist nicht zu verachten. Sie bringt mit den beiden 66 Meter hohen Türmen ein Museum über die Geschichte der Tower Bridge unter.

Oben:
Die National Gallery nimmt die Nordseite des Trafalgar Squares in Beschlag. Wurde sie 1838 zunächst mit ausschließlich englischer Kunst eröffnet, zählt sie heute zu den bedeutendsten und umfangreichsten Ausstellungsorten der Welt.

Links:
Auf dem Trafalgar Square, dem größten öffentlichen Platz Londons, trifft sich die Bevölkerung Londons alljährlich zum New Year's Eve Bash, um in das neue Jahr hineinzufeiern. Gefeiert wird aber auch der Seesieg Nelsons, dem mit einer 55 Meter hohen Säule Tribut gezollt wird.

Oben:
Der Tower diente als Trutzburg, Palast, Gefängnis und Schatzkammer. Der 1100 vollendete White Tower im Zentrum der Anlage war steingewordenes Sinnbild des normannischen Herrschaftswillens in London. Seine Steine kamen aus Caen in der Normandie.

Rechts und ganz rechts:
Die »Yeomen of the Guard«, altgediente Soldaten der Krone, tragen noch heute die malerischen Uniformen der Tudorzeit. Besser bekannt sind sie unter dem Namen »beefeaters«, eine Verballhornung des französischen Wortes »buffetiers« (Mundschenk).

Oben:
Die Tate Gallery ist einer der unzähligen Museumstempel in London. Die Mauern der Gemäldesammlung hüten vor allem englische Malerei von Constable bis Whistler.

Ganz links:
»Sie zeigen einem jede existierende Abart eines Gegenstandes« spottete Mark Twain über das Britische Museum. Es zeigt Meisterwerke von der römischen Antike bis zu den Hochkulturen Asiens.

Links:
Von der Macht und Herrlichkeit der Pharaonen kündet im Britischen Museum die Kolossalbüste Ramses II. aus Theben, ein Beutestück aus den Napoleonischen Kriegen.

TDK
SANYO
GAP
TRANSDEV

Linke Seite: *Am wichtigsten Verkehrsknotenpunkt Londons tummeln sich schwarze Taxis, rote Busse, Touristen und Punks um den mit einer Eros-Figur geschmückten Springbrunnen. Der Piccadilly Circus gilt als Mekka der Unterhaltung, wo 1890 die erste beleuchtete Reklametafel ihren Platz fand.*

Unten links: *Ob als Spardose, Postkarte oder Miniaturmodell sowie im Original – die roten Telefonzellen aus Gusseisen genießen mittlerweile Kultcharakter und tragen zum typischen Charme der englischen Hauptstadt bei.*

Unten rechts: *Haltestelle Piccadilly Circus. Dieser oder ähnliche beeindruckende Ausblicke bieten sich den täglich über 3,5 Millionen Fahrgästen der Londoner U-Bahn, die von den Einheimischen nüchtern als Tube – Röhre – bezeichnet wird.*

Oben links und rechts: *Über 2000 Doppeldecker-Busse kämpfen sich auf 300 Strecken durch das Verkehrschaos Londons. Jedoch sind alle Fahrzeitangaben als utopische Ideale anzusehen. Wer mehr über die roten Busse und ihre Geschichte erfahren möchte, dem sei das »Transport Museum« in Covent Garden empfohlen.*

Rechts: *Wohl eine der vornehmsten Adressen in London: die Royal Arcade in der Bond Street. Die Geschäfte zählen zu den exklusivsten der Welt.*

Unten: *Die Portobello Road ist ein Mekka für Antiquitätenjäger. Echte Schnäppchen allerdings sind selten, die Händler kennen in der Regel den Wert ihrer Waren sehr genau.*

Oben:
Früher ein Großmarkt, haben heute vornehme Geschäfte und Restaurants im Covent Garden ihre Heimat.

Links:
Harrods ist mehr als nur ein Kaufhaus, Harrods ist eine Lebensphilosophie. Nichts, was man hier nicht findet. Alleine schon die Lebensmittelabteilung ist ein kulinarisches Labyrinth, in dem man Stunden verbringen kann.

Links oben: *Verdiente Ruhepause im Hyde Park – die Liegestühle muss man allerdings mieten. Wenige Städte der Welt weisen großzügigere Grünanlagen auf als London.*

Links Mitte: *In der Nähe des Hyde Parks glänzen sie noch im heroischen Rot des Empires: die englischen Telephonzellen.*

Links unten: *Typisch für den Londoner Stadtteil Süd-Kensington sind seine stolzen, säulengeschmückten Portale.*

Unten:
Der Kensington Palace am Rande des gleichnamigen Parks ist eines der schönsten Herrenhäuser in London. Hier verbrachten Königin Mary und ihr Mann Wilhelm von Oranien glückliche Stunden abseits des steifen Hoflebens. Die Innenräume sind liebevoll mit Kunstwerken aus der königlichen Privatsammlung ausgestattet.

Oben:
Basar der großen Geschichte und kleinen Erinnerungen – Antiquitätenladen im Cecil Court, London.

Rechts:
Die alten Räumlichkeiten von Scotland Yard: Einst ein Palast für die schottischen Könige, wurde das Gebäude später Sitz der legendären Kriminalpolizei. Besonders »lehrreich« ist das Kriminalmuseum dieser Institution.

Oben:
Die englische Lust am Verbrechen kennt ein Stammlokal: das Sherlock Holmes Pub unweit von Scotland Yard. Die Räumlichkeiten sind voll mit Andenken an den genialen Detektiv.

Links:
Die berühmteste Adresse der Kriminalliteratur: 221B, Baker Street. Ein Sherlock Holmes Museum rekonstruiert die Räumlichkeiten, wie sie Sir Arthur Conan Doyle in seinen Erzählungen detailliert beschrieben hat.

Haworth nahe der Industriestadt Bradford in Yorkshire ist berühmt wegen der Geschwister Brontë. Die drei Schwestern Charlotte, Emily und Anne lebten hier mit ihrem Bruder Branwell und ihrem Vater im Pfarrhaus.

Weit im Nordwesten, nahe der schottischen Grenze, liegt der Lake District. Keine Landschaft Englands hat sich tiefer in das Herz der englischen Poeten eingeschmeichelt: »Da ist Freude in den Bergen, da ist Leben in den Quellen«, jubiliert der Dichter William Wordsworth. Die Kraft der eiszeitlichen Gletscher modellierte diese Region und als wärmere Zeiten anbrachen, ergoss sich ihr Wasser in die blauen Augen der Seen. Yorkshire, die größte Grafschaft Englands, ist eine Schönheit auf den zweiten Blick. Liebliche Seen und Wälder fehlen, stattdessen windumwehte Hochmoore und einsame Täler. Der Osten Englands erinnert an die Niederlande. Unzählige Wasserwege durchkreuzen das Marschgebiet der »Fens« und selbst Windmühlen erblickt man gelegentlich, die nach holländischem Vorbild als Pumpwerke dienten. Zwischen Ostengland und Wales schlägt das warme Herz von England, wo die Regionen zwischen Cotwolds und dem Wye-Tal in einem pastoralen Dreiklang aus Weiden, Wäldern und Feldern erklingen.
Wales aber ist anders als England. Die Natur ist kühner und stolzer. Beherrscht wird das Land vom 1085 Meter hohen Snowdon, dem zweithöchsten Gipfel der Insel – nur sein Bergbruder in Schottland, der Ben Nevis, überragt ihn. Die Landschaft zu Füßen des Snowdon ist von urwüchsiger Schönheit. Doch je weiter man sich von dem Berg entfernt, desto tiefer sind die Narben der Täler, die ihnen der Bergbau zugefügt hat. Jahrhundertelang brachten Kohle und Schiefer den Engländern satten Profit, während den walisischen Bergleuten nur ein dürftiges Einkommen blieb. Die Reviere des Rhondda-Tals prägten einen besonderen Menschenschlag: hilfsbereit, geradlinig und klassenkämpferisch. Kein Wunder, dass der erste Labour-Premier Englands, David Lloyd George, ein selbstbewusster Sohn Cymrus' war: »Niemand darf Wales verachten!«

THE LAND OF GONDAL
mostly sheep
Light Lunch
Special
Home made Soup
with Roll or
Corned Beef Hash
Sweet - Tea or Coffee
Only £3.99

Oben:
Die Fens, eine Sumpflandschaft in Ostengland, bezaubert mit ihrer melancholischen Schönheit. Die Landschaft erinnert zuweilen an Flandern oder den Niederrhein.

Rechts:
Bereits die Römer nutzten die Fens. Im Mittelalter sicherten Torf und Reet den Bewohnern ihr bescheidenes Auskommen. Hinzu kamen Fischfang und die Jagd auf Wasservögel.

Links:
Wie mit dem Lineal wurden Kanäle durch die Landschaft East Anglias gezogen. Sie sollten die Region erschließen und gleichzeitig entwässern. Heute sind sie ein Paradies für gemächliche Bootstouren.

Unten:
Sie waren die künstlerische Heimat des Dichters Alfred Edward Houseman: die Shropshire Hills im Nordwesten der Insel.

Shakespeare – ein literarischer Alchemist

»Wir sind aus solchem Stoff
Wie Träume sind, und unser kleines Leben
Umspannt ein Schlaf.«

Am 23. April 1564 begann der Traum, der Shakespeare hieß, als Mary Shakespeare, geborene Arden, ihr drittes Kind zur Welt bringt. Nichts lässt die epochale Bedeutung des schreienden Kindes in der Wiege erahnen: Sein Vater, John Shakespeare, zählt als Handschuhmacher zum gediegenen Mittelstand. Der Geburtsort Stratford-upon-Avon ist eine verschlafene Kleinstadt in Warwichshire, in der höchstens einmal die Wollpreise für Aufregung sorgen. Die Jugend Shakespeares verläuft in vorgezeichneten Bahnen. William erhält eine passable Schulausbildung, heiratet 1582 die acht Jahre ältere Anne Hathaway, mit der er drei Kinder zeugt.

Plötzlich verlässt er dann im Alter von 23 Jahren Stratford, entflieht heimatlicher Enge und Ehelärm, um in London ein neues Leben zu beginnen. Aus dem braven Provinzler wird ein Schauspieler. Er schließt sich den Chamberlain's Men an, einer Schauspieltruppe unter dem Patronat von Lord Chamberlain Hunsdon. Ein erregendes Leben beginnt. Man spielt in Kaschemmen und Hörsälen, und wenn wieder einmal die Pest in der Stadt ist, so geht man auf Tournee. Es gab erste Theater in London, gelegen in den verruchten Vierteln der Stadt. Was aber fehlt, sind gute Stücke. Das antike Theater ist nur eine ferne Erinnerung und die frommen Mysterienspiele will niemand mehr sehen. Die ersten dramatischen Gehversuche Shakespeares sind waffenklirrende Historien wie »Heinrich VI.« und »Richard III.«, dann holt er mit »Romeo und Julia« und dem »Kaufmann von Venedig« Italiens poetischen Flair auf die englischen Bühnen aus Eichenholz. Allen diesen Stücken ist eines gemein: Ihr Inhalt ist schon zu Papier gebracht worden und steht in einer Chronik oder populären Novellensammlung. Shakespeare ist ein literarischer Alchemist, der diesen unbeseelten Stoffen Leben verleiht und sie in dramatisches Gold verwandelt. Die Stücke haben Erfolg beim Publikum. 1594 findet das erste Drama Shakespeares seinen Weg auf die Druckerpresse, und am Ende des Jahres erhält Shakespeares Truppe die lukrative Ehre, die Weihnachtstage von Königin Elizabeth durch Aufführungen zu verkürzen. In den nächsten Jahren sind Shakespeares Schauspieler die gefragteste Theatertruppe des Königreiches.

Mitten in diesem Erfolg zwingt ihn die Nachricht von der tödlichen Krankheit seines Sohnes zur Rückkehr nach Stratford. Auch wenn seine Beziehung zu seiner Ehefrau spröde bleibt, so bewirkt doch der Tod seines Sohnes eine Rückbesinnung auf seine Heimat. 1597 erwirbt er für 60 Pfund »New Place«, ein stattliches Anwesen gegenüber seiner alten Schule. Nach diesem Schicksalsschlag durchzieht selbst seine Komödien ein melancholischer Hauch:

»Und so von Stund' zu Stunde reifen wir,
Und so von Stund' zu Stunde faulen wir«

philosophiert er in »Wie es euch gefällt«.

Das Globe Theater

1599 öffnet dann das »hölzerne O« des Globe Theaters seine Pforten. Die Chamberlain's haben nun ihre eigene Spielstätte. Das Theater ist alles andere als ein weihevoller Kulturtempel. Im Parkett tummeln sich Handwerksburschen, Halsabschneider und Huren, aber ebenso fand mancher Edelmann den Weg ins »Globe«. Musik und Lieder waren ein fester Bestandteil der Aufführungen und namhafte Komponisten wie Thomas Morley vertonten die Zeilen Shakespeares. Schauspielerinnen allerdings waren nicht üblich. Wie schon in der griechischen Antike werden die Frauenrollen von Männern verkörpert.

Shakespeare ist nun auf dem Höhepunkt seiner Schaffenskraft. Zwischen 1600 und 1606 entstehen seine vier großen Tragödien, die das ganze Universum menschlicher Abgründe und Leiden kartografieren: »Hamlet«, »Othello«, »King Lear« und »Macbeth«.

Die Stücke sind der Schwanengesang der elisabethanischen Kultur. 1603 stirbt mit der Königin die glanzvollste Epoche der englischen Geschichte. Doch auch ihr farbloser Nachfolger Jakob I. liebt das Theater. Kaum in London angelangt, nimmt er die »Chamberlain's« unter sein königliches Patronat. Von nun an trägt Shakespeares Truppe den stolzen Namen »The King's Men«.

Links: *Das Gower Memorial in Stratford aus dem Jahre 1888 hebt Shakespeare in die Höhen des literarischen Olymp. Umgeben ist das Theatergenie von seinen unsterblichen Charakteren: Falstaff, Hamlet und der grausamen Lady Macbeth.*

Oben: Das Geburtshaus von Shakespeare in Stratford-upon-Avon ist eine Pilgerstätte für Millionen. Mit großer Sorgfalt wurde es wieder mit Möbeln und Gegenständen eingerichtet, die aus der Zeit des Dramatikers stammen.

Rechts oben: Dieses Porträt Shakespeares auf der Titelseite einer Folioausgabe von 1623 stellt den Dichter als Schauspieler dar.

Nach 1610 findet man den Dichter immer seltener in der lärmenden Hauptstadt. Er zieht sich in die Einsamkeit des »New Place« zurück, um an seinem Vermächtnis zu arbeiten: »Der Sturm«. Das Werk sprengt die Kategorien von Komödie und Tragödie, es ist dramatische Magie. Noch einige unbedeutende Arbeiten werden folgen, doch die Energie des Mannes ist verbraucht. An seinem 52. Geburtstag, man schreibt den 23. April 1616, endet das »kleine Leben« des Dichters und seine Apotheose beginnt:

»Mir dünkte stets,
Weisheit und Tugend sein höhre Gaben
Als Adel oder Reichtum; läss'ge Erben
Können vergeuden, dunkeln diese zwei,
Doch jenen ist Unsterblichkeit bestimmt.«

Rechts: Das »Globe« in London, hier in einer Rekonstruktion, war die Geburtsstätte des modernen Theaters. Der clevere Geschäftsmann Shakespeare war Miteigentümer der lukrativen Bühne.

Impressionen vom Pferderennen in Newmarket. Neben Ascot und Derby ist dieser ländliche Ort in Ostengland das dritte Mekka des Pferdesports. Im Umland liegen einige der renommiertesten

Gestüte der Welt. Gesellschaftlicher Höhepunkt sind die Renntage im Juli, zu denen sich auch ihre Majestät, die Königin, regelmäßig einfindet. Selbst außerhalb der Saison lohnt sich für Freunde des Rennsports ein Besuch in Newmarket, denn das National Horseracing Museum lockt mit einer einmaligen Sammlung zur Geschichte der Rennen in Großbritannien.

Oben:
Mittelalterliche Romantik bietet Shrewsbury im englischen Grenzland zu Wales. Einige der Fachwerkhäuser stammen noch aus dem 15. Jahrhundert. Angelsächsische Könige legten diesen Ort an, um die Grenze zum keltischen Wales zu sichern.

Rechts:
In normannischer Zeit siedelten sich Benediktiner in Shrewsbury an, deren strenges Klosterleben im Museum Shrewsbury Quest dargestellt ist.

Oben:
Die Stadt Norwich ist die Metropole Ostenglands. Neben einer kleinen Kathedrale und einer mächtigen Burg sind es vor allem die alten Häuser im Stadtteil Elm Hill, die den Reiz dieser Stadt ausmachen. Aus Norwich kommen übrigens die berühmten Schokoladenprodukte von Mackintosh.

Links:
Tea & Coffee bietet dieser Laden in der Altstadt von Lincoln. Im Mittelalter war die Bischofsstadt am Fluss Witham ein lebendiges Zentrum jüdischen Lebens, bis ein Pogrom dem ein grausames Ende setzte.

Linke Seite:
Eines von hunderten von Herrenhäusern Englands: Coughton Court mit seinem stolzen Eingangsturm im Tudorstil ist ein typischer Vertreter seiner Gattung.

Auf römischen Fundamenten ruht die Stadt Chester. Aber nicht die Überreste eines Amphitheaters sind der Hauptanziehungspunkt der Stadt, sondern die Arkadengänge mit ihren Fachwerkaufbauten, »the Rows«. Gleich auf zwei Ebenen kann der Besucher sich dem Vergnügen des Flanierens auf viktorianischen Fachwerkkonstruktionen hingeben.

Oben:
Dem Triumph des Herzogs von Marlborough ist Blenheim Palace in Woodstock gewidmet: 1704 schlug er das Heer der Franzosen im bayerischen Blenheim (Schlacht von Höchstädt). Einer der Nachfahren war Sir Winston Churchill, der hier geboren wurde.

Links:
Eine Mischung aus mittelalterlicher Burg und Herrenhaus ist Warwick Castle.

Linke Seite:
Coughton Courts Gartenanlage zeichnet sich aus durch seine romantische Atmosphäre und seine Vielfältigkeit. So findet man neben Rosenbeeten und -stauden auch den typisch englischen Rasen, einen Moor- sowie Obst- und Gemüsegarten.

Oxbridge – Refugium akademischer Gelehrsamkeit

Wenn es ein akademisches Utopia gibt, so liegt es in Oxford und Cambridge. Die Hochschulen mit ihren Gebäuden aus honiggelbem Sandstein oder leuchtend roten Ziegeln gleichen Inseln im tosenden Meer der Zeitläufte, wo Ruhe, Bücher und gelehrter Disput noch ein Refugium haben.
Auch wenn beide Universitäten von einzigartiger Gleichrangigkeit sind, so gebührt Oxford die Ehre des höheren Alters. Die Anfänge liegen im mittelalterlichen Dunkel. Es ist zweifelhaft, ob es schon in angelsächsischer Zeit einen Lehrbetrieb in Oxford gegeben hat. Für das 12. Jahrhundert finden sich schon konkretere Hinweise auf ein akademisches Leben. Damals wohnten die Studenten in der Regel in Gasthäusern, was nicht nur zu alkoholischen Exzessen führte; immer wieder stießen die raufsüchtigen Scholaren mit den nicht minder streitbaren Handwerkern zusammen, was nicht selten in Mord und Totschlag endete. Zu Beginn des 13. Jahrhunderts hatten dann einige Studenten genug von den braven Bürgern der Stadt Oxford und zogen an das Flüsschen Cam, um die Universität Cambridge zu gründen, die ewige Rivalin Oxfords um akademischen Ruhm und Ehre.
Die Kriege zwischen England und Frankreich waren zumindest für Oxbridge – wie man in England die beiden Universitäten etwas respektlos zusammenfasst – ein ausgesprochener Glücksfall. Denn nun blieb die geistige Elite Englands lieber auf der Insel, statt die Weisheit an der Hohen Schule zu Paris zu suchen, deren Rang im Mittelalter alle anderen Universitäten überstrahlte.

Mikrokosmos College

In dieser bewegten Epoche etablierten sich die ersten Colleges: 1249 wurde das University College in Oxford gegründet, es folgten Merton College (1262), Balliol College (1263) und im Jahr 1379 das New College. Das älteste College in Cambridge, Peterhouse, wurde 1284 gegründet. Die Väter dieser Institutionen waren die Bischöfe des Landes. Erst 1441 tritt ein Monarch als Stifter auf, als Heinrich VI. das prächtige »Kings College« in Cambridge gründet. Oxfords ranghöchstes College nennt gleich zwei erlauchte Stifter: den machtgierigen Kardinal Wolsey und dessen königlichen Henker, Heinrich VIII.
Ein College ist ein universitärer Mikrokosmos: Schlafräume und Speisesäle für den Körper, Dozenten und Bibliothek für den Geist sowie eine Kapelle für das Seelenheil. Bis heute spielt sich das akademische Leben primär in den Colleges ab. Ohne dort Aufnahme zu finden, ist das Studium in Oxbridge unmöglich. Nahezu jedes College verleiht seinem Oberhaupt einen anderen Titel: Dean, Principal, Warden, Rector oder President. Hingegen bezeichnet man die Hochschullehrer aller Fakultäten gleichermaßen als Don – eine Kurzform der lateinischen Anrede Dominus (Herr).
Das akademische Klima trieb zuweilen bizarre Blüten, wie etwa bei dem Zoologen William Buckland, der sich rühmte, jedes Tier der Schöpfung schon verspeist zu haben – seine Diners waren gefürchtet! Exzentrik wurde auch unter den Undergraduates, wie man die Studenten in Oxbridge nennt, gepflegt. Zu einer Meisterschaft brachte es darin Lord Byron, der zum Schrecken des Personals einen Bären in seinem Zimmer hielt, da ihm ein Hund durch die Statuten des College verboten war. Besonders im 18. Jahrhundert erlebte die Studienkultur einen rapiden Niedergang, als die am meisten belegten Fächer der Adelsjugend »Trinken« und »Glücksspiel« hießen. Reformen haben diesem fröhlichen Leben ein Ende gesetzt und

Ganz rechts oben:
Das Somerville College ist neben seinem hohen wissenschaftlichen Anspruch auch für seine geistige und soziale Offenheit bekannt. Das 1879 gegründete College ist eines der ersten, das speziell für Frauen eröffnet wurde.

Ganz rechts unten:
1427 wurde das Lincoln College in der Turl Street, also im Zentrum Oxfords, gegründet. Von der Radcliffe Camera aus kann man einen Blick über die Mauern von „All Saints" erhaschen.

Rechts:
Hinter den ehrwürdigen Toren des im 13. Jahrhundert gegründeten Balliol College in Oxford eröffnet sich internationales Flair. Balliol zählt mit seinem ausgezeichneten akademischen Ruf unter den Studenten zu den beliebtesten Colleges Oxfords

Links:
In Oxford gleichen die Bibliotheken zuweilen Kathedralen: Die Bodleian Library hat einen Bestand von über vier Millionen Bänden, darunter unbezahlbare Manuskripte aus dem Mittelalter und dem Orient.

die heutige Studentengeneration ist im Vergleich zu ihren Vorgängern erschreckend brav. Sich allerdings ausschließlich seinem Studium zu widmen, ist nach wie vor verpönt. Besonders in Oxford erwartet man von einem jungen Gentleman sportliche oder kulturelle Aktivitäten. Wer zum Beispiel eine politische Karriere anstrebt, sollte unbedingt Mitglied der legendären Oxford Union Society sein, einem Debattier-Club, in dem Premierminister und Vizekönige geschmiedet wurden.

Natürlich wurde nicht nur politische Geschichte an den Universitäten geschrieben. Die größte Ehre in der Welt der Physik ist es, als Amtsnachfolger Newtons auf den »Lucasischen Lehrstuhl« in Cambridge berufen zu werden. Die Dons in Oxford stehen im Ruf, weltfremder als ihre Kollegen in Cambridge zu sein. Schuld daran haben nicht zuletzt phantastische Literaten wie Lewis Carroll, jener schüchterne Dozent der Mathematik, der 1865 mit seiner »Alice im Wunderland« literarische Unsterblichkeit erlangte. Der berühmteste Roman über das englische Universitätsleben ist »Zuleika Dobson« von Max Beerbohm. Eine bitterböse Satire auf Eitelkeit und akademische Arroganz, die mit einem studentischen Massenselbstmord in der Themse endet. Aber wie sagte doch Beerbohm: »Ich verdanke es Oxford, dass ich unausstehlich bin.«

39

Linke Seite: *Beschauliche Ruhe findet man in dem kleinen Weiler Henley in Arden. Wie überall auf dem Land wetteifern die Bewohner der Häuser um den schönsten Blumenschmuck.*

Eingebettet in die alten Weiden der Cotswolds, liegt das Dorf Castle Combe, dessen einstiger Reichtum von der einzigartigen Wolle dieser Region herrührte, die bis nach Italien exportiert wurde.

Noch immer eine der größten Leidenschaften der Engländer: Tee. Die Tea Rooms bieten neben warmen Getränken auch schmackhafte Gebäckspezialitäten oder einen herzhaften Imbiss.

Seite 98/99: *An der Ostküste Englands liegt Cromer, das mit etwa 9500 Einwohnern zu den kleineren Badeorten der Insel gehört. Aber gerade das zeichnet den auch heute deutlich erkennbaren viktorianischen Charme der Küstenstadt aus.*

CAFE
SUNRISE
CAFE
HOMEMADE
HOT

FOOD
NO ENTRY
NRISE
AFE
8
AKFASTS
RVED

Links:
Zwar kann man in Southwold kein aufregendes Nachtleben erwarten, doch für das Strandleben der nächsten Saison sind die Badehäuschen frisch gestrichen.

Links Mitte:
Ebenfalls Ruhe pur bietet Salthouse in Ostengland. Selbst die Boote scheinen sich dem Schlaf hinzugeben.

Links unten:
Das bekannteste Seebad an der Ostküste ist Cromer mit immerhin fast 6000 Einwohnern. Neben seinem Strand bietet der Ort ein reizvolles Hinterland.

Unten:
Wem Brighton oder Blackpool zu turbulent ist, der findet im idyllischen Seebad Southwold in Ostengland erholsame Ruhe. In Reih und Glied stehen die bunten Badehäuschen und warten auf die Sommergäste.

Oben:
Eine Landschaft für Dichter und Maler: der Lake District im Nordwesten Englands. Der Romantiker William Wordsworth besang die sanften Berge und träumenden Seen in einem poetischen Reisebuch.

Rechts:
Der Castlerigg Stone Circle bei Keswick ist viel kleiner als seine südenglischen Geschwister Avebury und Stonehenge, liegt aber in der schönen Landschaft des Lake District.

Oben:
»Der schönste mir bekannte Blick« eröffnete sich für den Maler John Ruskin im 19. Jahrhundert in der faszinierenden Landschaft des Lake District. Und noch heute halten viele Engländer die Region für die reizvollste ihres Landes.

Links:
Hier war das Ende der zivilisierten Welt zu Zeiten der Römer. Zwischen 122 und 128 nach Christus wurde die Verteidigungsanlage des Hadrian's Wall auf Befehl des römischen Kaisers angelegt, um die Provinz Britannia vor den wilden Stämmen der Pikten zu schützen. 14-17 große Kastelle mit jeweils 500 bis 1000 Mann Besatzung stellten die Wachtruppen.

Links:
Im Nordwesten Englands liegt das Lake-District-Gebiet. Mit 5,2 Quadratkilometern ist Derwentwater der viertgrößte See Englands. Besonders in der Abenddämmerung kommt seine landschaftliche Attraktivität vollständig zur Geltung.

Unten:
Obwohl auch große Ausflugsschiffe den See bei Keswick überqueren, scheint es einen besonderen Reiz auszumachen, die atemberaubende Naturlandschaft mit kleinen Booten zu erkunden.

Außer dem Dom von Köln übertrifft keine gotische Kathedrale das Münster von York in seiner triumphalen Größe. Die Kathedrale aus dem 14. Jahrhundert war Sitz eines Erzbischofs, dessen Machtbereich sich über den ganzen Norden der Insel erstreckte.

Nicht immer waren die Zeitläufte gnädig zu dem Münster von York, mehrere Brände wüteten in der Kirche. Trotzdem haben sich einige der mittelalterlichen Kirchenfenster erhalten.

Rechts: Glücklicherweise wurden fast überall in Yorkshire die Städte weitgehend von den radikalen Umwälzungen der industriellen Revolution verschont. Haworth präsentiert sich noch in alter Gestalt und mit typisch rotem Telefonhäuschen.

Rechts: Immer schon war York der Schlüssel zum englischen Norden. Angelsachsen, Wikinger und Normannen wussten dies. Im Mittelalter brachte vor allem der Tuchhandel Reichtum in die Stadt.

ROSE & Co APOTHECARY
TELEPHONE
TELEPHONE

ST WILLIAM'S COLLEGE
FOUNDED 1461

Very British!

Sie denken an den unterkühlten Gentleman, der mit Melone und Regenschirm durch den Nebel Englands schreitet und dessen einziges Vergnügen aus dem Lesen der Times besteht? Doch die kultivierte Gelassenheit der englischen Elite ist nicht etwa Produkt einer philosophischen Distanz zum Leben, sondern Ausdruck der englischen Leidenschaft für Understatement! Es ist das erregende Gesellschaftsspiel der Oberklasse: Man nennt seine Jacht schlicht »Boot« oder seine Landvilla »Häuschen« und freut sich über das Rätselraten des Gegenübers. Das Spiel funktioniert übrigens ebenso wunderbar mit zwischenmenschlichen Beziehungen – wer Emotionen zugibt, hat schon verloren ...

Sport allerdings lässt keinen echten Briten kalt. Selbst Ihre Königliche Hoheit, Elizabeth II., soll beim Pferderennen gelegentlich Anwandlungen von Temperament gezeigt haben. Noch viel turbulenter geht es natürlich beim Hunderennen, dem Derby des kleinen Mannes, zu. Hier kann man die hohe Kunst des britischen Fluchens erlernen.

Die englischste aller Sportarten ist Cricket – eine recht eigenartige Ausrede, um die Landschaft zu bevölkern. Die ersten belegten Spiele datieren ins Jahr 1667. Der Ausländer sollte erst gar nicht den Versuch unternehmen, das bizarre Regelwerk zu verstehen. Cricket ist eine hermetische Wissenschaft. Immer wieder durch Pausen unterbrochen, können sich die Turniere über Tage hinziehen: »Gott hat Cricket erfunden, um den Engländern ein Gefühl von der Ewigkeit zu vermitteln.« Vielleicht erstrahlt ja deshalb der Cricket-Dress im reinen Weiß der Engel.

Der Fußball hingegen wurde immer als ein Kind des Teufels gescholten. Auch wenn direkte Menschenopfer wie in Südamerika nicht überliefert sind, so gehörte eine ungesunde Härte stets zu diesem Ballspiel. Bereits im 16. Jahrhundert lesen wir in einem Pamphlet über die Bräuche Englands: »Das Fußballspiel ist eher ein blutiger Zeitvertreib als ein Spiel. Mal wird das Genick gebrochen, mal der Rücken oder die Beine.« Heute hat ein strenges Regelwerk zwar die Spieler an die Kandare genommen, nicht jedoch die englischen Fans, die zuweilen den Begriff Schlachtenbummler ein wenig zu wörtlich interpretieren.

Sieht man von den Wettkämpfen um den extravagantesten Hut in Ascot einmal ab, so ist Sport auf der Insel immer noch eine Männerdomäne. Die weibliche Antwort auf die unerträgliche Langeweile der englischen Vorstadt lautet Bingo. So mancher glamouröse Kinopalast der zwanziger Jahre fristet heute sein trauriges Dasein als Bingohalle.

Das Pub – Ort britischer Tradition

Das Paradies der Männer, das Pub, ist schon lange keine exklusive Domäne des starken Geschlechts mehr. Vorbei die Zeiten, als die Schankstube noch den echten Kerlen vorbehalten war, während Frauen sich höchstens in einer separaten »Saloon Bar« aufhalten durften. Trotzdem bleibt das Pub das stärkste Bollwerk britischer Traditionen. Überall mag das metrische System – eine bösartige Erfindung des französischen Erbfeindes – schleichenden Einzug halten, doch nicht im Pub. Hier bleibt unumstößlich das Pint (0,57 Liter) das einzige Maß aller Dinge. Englisches Bier ist viel besser als sein Ruf. Es gibt drei große Glaubensrichtungen: obergäriges Bitter, untergäriges Lager und die schweren Dunkelbiere wie Ale oder Stout mit ihrem würzigen Geschmack. Aber nicht nur Schaumkronen und Kälte fehlen in der Regel beim britischen Bier, auch das Reinheitsgebot ist als teutonische Einmischung verworfen worden. Seit Ende 2005 ist die Lockerung der Sperrstunde in Großbritannien in Kraft getreten. Bis dahin wurde diese kurz vor 23 Uhr mit einer Schiffsglocke eingeläutet und hat so manchen Gast vor überhöhtem Bierkonsum geschützt.

»Andere Völker haben eine gute Küche, die Engländer haben dafür feine Tischmanieren.« Zumindest das üppige Frühstück, eine Erfindung der Aristokratie, um sich für die aufreibenden Jagdtage zu stärken, widerlegt dieses Bonmot. Einst das Grundnahrungsmittel der Arbeiterklasse, wurde »Fish & Chips« (Bratfisch mit Pommes frites) traditionell in einer Zeitung serviert. Durch einen Schuss Essig wird dieser Snack verfeinert. Das Sandwich kann hingegen eine höchst aristokratische Herkunft vorweisen. Im 18. Jahrhundert war der 4. Earl von Sandwich nicht nur Marineminister, sondern gleichzeitig der fanatischste Glücksspieler Londons. Um seine tagelangen Partien am Kartentisch nicht unterbrechen zu müssen, legte er einfach sein Roastbeef zwischen zwei Brotscheiben. Nicht nur Not macht erfinderisch, auch das Laster.

Links: *Auf dem Bowling Green von Henley kommt es gelegentlich zu erbitterten Wettkämpfen. Auch der englische Freibeuter Sir Francis Drake war schon ein passionierter Freund dieses Zeitvertreibs.*

Oben: *»Der einzige Ort, wo ein Mann seine Freiheit genießen kann!« Das Pub ist eine britische Institution, hier das Salisbury Pub in London.*

Rechts oben: *In den letzten Jahren kommt Kaffee neben Tee immer mehr in Mode. Und so muss selbst dieser Beefeater aus Holz auch für den einst so verpönten Türkentrank Werbung machen.*

Rechts Mitte; *Ist Tee das Nationalgetränk, so ist »Fish & Chips« das Nationalgericht und wird stilecht mit einem ordentlichen Schuss Malzessig gewürzt.*

Rechts: *Einmal im Jahr brodelt in Henley die Themse, wenn sich die Universitätsachter von Oxford und Cambridge ihr großes Duell liefern. Bislang hat Cambridge die Nase vorn.*

Abendlicht über den Wellen von Bamburgh. Heute ein verschlafener Badeort mit nur 500 Einwohnern, war der Ort an der Küste Northumberlands einst Hauptstadt des Königreiches Bernicia.

Die kolossale Festung von Bamburgh Castle beschwört die große Geschichte des kleinen Ortes. Auf dem Burghügel residierte der angelsächsische König Oswald. Später errichteten die Normannen hier eine Burganlage mit dem quadratischen Wohnturm im Zentrum. In den Rosenkriegen des 15. Jahrhunderts wurde die Festung Schauplatz unerbittlicher Kämpfe.

Von Gateshead aus blickt man auf die Industriestadt Newcastle-upon-Tyne. Die beiden Städte werden durch Brücken wie zum Beispiel der Millennium Bridge verbunden.

Mehr von der Beatles Story kann man im gleichnamigen Museum am Albert Dock in Liverpool erfahren. Hautnah kann der Besucher das Leben, den Weg zum Erfolg der vier Musiker aus Liverpool und der Musik selbst nachempfinden.

Rechte Seite: *Beherrscht wird das Hafenpanorama Liverpools vom Royal Liver Building an Pier Head. Im Nachbargebäude hatte die Cunard-Linie ihren Sitz, zu deren Flotte auch die legendäre Titanic gehörte, die 1912 von Liverpool zu ihrer schicksalsschweren Jungfernfahrt aufbrach.*

EDWARD VII

01253
Pleasure Beach
400328
Palm Beach
Hotel
701
Pleasure Beach
METRO

Links: Die mit über 140 000 Einwohnern bevölkerte Küstenstadt ist bekannt für seinen Massentourismus der modernen Art. Rund 6 Millionen Besucher zählt Blackpool jedes Jahr. Einzigartig in ganz Europa sind hier die zweistöckigen Straßenbahnen.

Unten: Der 160 Meter hohe, dem Eiffelturm nachempfundene Blackpool Tower markiert den Mittelpunkt der zirka 11 Kilometer langen Strandpromenade. Besonders nachts begeistert sein funkelndes Farbenspiel.

Oben: Mit der Dämmerung wird es noch lange nicht Nacht in Blackpool. Drei Piers locken mit Vergnügungsangeboten die Besucher in ihre Hallen. Hier erwartet der Besucher keine Erholung in Stille und Geruhsamkeit. Blackpool wird gleichgesetzt mit bunten schrillen Lichtern und Feiern bis zum Morgengrauen.

Linke Seite:
Die Kathedrale von Carlisle war ursprünglich die Kirche eines Augustinerklosters. Das imposante Ostfenster mahnt mit seiner Darstellung des jüngsten Gerichts an das Ende aller Tage.

Das Midland Hotel in Manchester erzählt vom Reichtum vergangener Tage. Früher regierte »König Baumwolle« die Stadt, bis nach dem Ersten Weltkrieg der Markt für Tuche stagnierte.

Nostalgie der Verbrechensbekämpfung: In der Old Police Station in Manchester wird man an alte englische Krimis erinnert.

Oben:
Der »Engel des Nordens« im Stadtteil Gateshead von Newcastle soll mit seinen Schwingen Hoffnung in die krisengeschüttelte Region tragen. Die Flügel der größten Skulptur Englands haben eine Spannweite von 54 Metern.

Rechts:
Von Newcastle nicht weit entfernt, erinnert die Hafenstadt Hartlepool mit ihren historischen Kaianlagen an die große Blütezeit der Segelschiffe. Die restaurierte Fregatte im Trockendock des Schifffahrtsmuseums hatte 1817 ihren Stapellauf.

Oben:
Von Whitby aus starteten früher die Walfänger zu ihrer verwegenen Jagd nach dem Leviathan. Berühmt wurde der Hafen von Whitby durch den Romancier Bram Stoker, der an dieser Küste seinen Grafen Dracula zum ersten Mal englischen Boden betreten lässt.

Links:
Manchmal riecht es noch nach Salz und Teer in Hartlepool. Ihren Boom erlebte die Hafenstadt vor dem Ersten Weltkrieg, als über 200 Schiffe unter dem Wappen der Stadt fuhren.

Links: Wild und geheimnisvoll ist die Natur in Wales. Einmalig ist die Szenerie zu Füßen des Berges Cadair Idris. »Ein Gemälde aus einer anderen Epoche« nannte der Schriftsteller Günter Kunert diese Landschaft.

Rechts und ganz rechts: Es waren die Gletscher der Eiszeit, die die Täler im Snowdonia Nationalpark modellierten. Voller Stolz auf den höchsten Berg des Landes, nahm einer der letzten Kämpfer für die walisische Freiheit den Titel eines Lord of Snowdon an.

Rechts: Der »melancholischste aller Berge«, der Cader Idris. Immer wieder waren Landschaftsmaler von diesem Berg fasziniert.

Links: Einmalig grün ist die Landschaft bei Ysbyty Ifan in der Weltvergessenheit des walisischen Nordens.

Linke Seite:
Das religiöse Herz von Wales schlägt in St. David's. Die Kathedrale aus dem 12. Jahrhundert zählt zu den ältesten Großbritanniens und wurde aus Angst vor Seeräubern in einer Talmulde »versteckt«.

Aus dem 13. Jahrhundert stammt die Burg Caerphilly Castle. Die unbezwingbare Anlage sollte endgültig den Freiheitswillen der Waliser brechen.

Beliebtes Landschaftsmotiv für die englischen Impressionisten: der Betws-y-Coed-Wasserfall.

Die »Norwegische Kirche« bei Cardiff ist nach skandinavischem Vorbild aus Holz errichtet und eine von unzähligen Freikirchen im frommen Wales.

Mitten in der walisischen Hauptstadt erhebt sich Cardiff Castle. Obwohl es schon im frühen Mittelalter eine Burg gab, ist die heutige Anlage ein Bau des 19. Jahrhunderts.

Oben: *Der Whitesands Beach bei St. Davids in Wales ist mit seiner kleinen Bucht geradezu ein Idyll für den Badesport. Aber auch die Surfer kommen hier auf ihre Kosten.*

Rechts: *South Stack ist einer der spektakulärsten Plätze in Wales. Neben dem ins Meer hinausragenden Wellenbrecher lohnt eine Besteigung des Holyhead Mountain, von dem man die atemberaubende Aussicht genießen kann.*

Rechte Seite: *Die Halbinsel Gower bei Swansea ist die Heimat des Barden Dylan Thomas. Aber auch ganze Generationen von Bergleuten erholten sich hier von den Härten ihrer Arbeit.*

HAWK 20
ORION 15
Seadra

Links: *Auf einer Felsspitze in der Carmarthen Bucht in Südwales erhebt sich das malerische Örtchen Tenby. »So ruhig, so farbig und so unverfälscht«, schwärmte der Maler Augustus John.*

Unten: *Das Seebad Tenby bezaubert mit seinen pastellfarbigen Häusern, engen Gassen und pittoresken Kneipen.*

Oben: *Zeitschriftenladen in Dolgellau. Auch wenn nach wie vor London die Presse dominiert, dem Nationalbewusstsein der Waliser tut dies keinen Abbruch.*

Seite 128/129:
Es dauerte fast 40 Jahre, bis die gigantische Festung von Caernarfon Castle mit ihren 13 wuchtigen Türmen vollendet war. 1283 befahl König Edward I. den Bau, nachdem er den letzten freien Fürsten von Wales geschlagen hatte.

Rechts:
Skandale umwitterten im 19. Jahrhundert Plas Newydd in Llangollen, als hier die »berühmtesten Jungfrauen Europas« lebten: Eleanor Butler und Sarah Ponsonby, Vorkämpferinnen eines etwas anderen Lebensstils.

Unten:
Der Seerosenteich von Bodnant Garden bei Llandudno. Neben den Wasserpflanzen entführen Magnolien, Rhododendren, Azaleen und viele tropische Gewächse in eine exotische Welt.

Oben und links: *Portmeirion an der Tremadog Bay trägt unverkennbar mediterrane Züge. Es war der exzentrische Traum von Sir Bertram Clought William-Ellis, sich hier sein kleines Italien zu errichten. Das liebenswerte Produkt seiner Narretei ist zwischen Kunst und Kitsch angesiedelt.*

The
Queensbridge

Linke Seite:
Attraktive Häuser umgeben die Strandpromenade des walisischen Seebades Aberystwyth. Seine rund 11500 Einwohner nennen ihre Universitätsstadt häufig nur „Aber", was auch den Besuchern entgegenkommen dürfte, die deren richtige Aussprache nicht einmal erahnen können.

Einen fantastischen Blick auf Llandudno bietet die mit Läden und Lokalen geschmückte Seebrücke. Mit ihren rund 570 Metern ist sie die längste in Wales.

Wie jedes mondäne Seebad in Großbritannien hat auch Llandudno einen Vergnügungspier vorzuweisen. Llandudno hat sich seine viktorianische Eleganz bewahren können, und so bevölkern im Sommer viele Gäste die Strände und Promenaden der Stadt.

Register

Edinburgh
Glasgow
Berwick-upon-Tweed
SCHOTTLAND
The Cheviot 815 m
Cheviot Hills
Northumberland NP
Morpeth
Ashington
Hadrian's Wall
Newcastle-upon-Tyne
Tynemouth
South Shields
Gateshead
Sunderland
Carlisle
Solway Firth
Durham
Maryport
Penrith
Hartlepool
Stockton-on-Tees
Middlesbrough
Belfast
Whitehaven
Cumbrian Mts.
Darlington
Whitby
Scafell Pike 977 m
Northallerton
North York Moors NP
NORD-IRLAND
Lake District NP
Kendal
Scarborough
Isle of Man
Yorkshire Dales NP
Fountains Abbey
Flamborough Head
Douglas
Barrow-in-Furness
Bridlington
Walney Island
Morecambe Bay
Lancaster
Harrogate
York
Hilpsford Point
Yorkshire Wolds
Skipton
Harewood
Pennines
Blackpool
Preston
Bradford
Leeds
Kingston-upon-Hull
Irische See
Blackburn
Huddersfield
Grimsby
Bolton
Oldham
Doncaster
St Helens
Manchester
Liverpool
Stockport
Sheffield
Birkenhead
Lincolnshire Wolds
Holyhead
Warrington
Chesterfield
Lincoln
Anglesey
Llandudno
Chester
Peak District NP
Skegness
Bangor
Newark-on-Trent
Snowdon 1.085 m
Betws-y-coed
Stoke-on-Trent
Rotherham
Boston
The Wash
Sandringham House
Cromer
REPUBLIK IRLAND
Snowdonia NP
Nottingham
Lleyn
Porthmadog
Derby
Midlands
ENGLAND
Spalding
The Fens
King's Lynn
Great Yarmouth
Harlech Castle
Dolgellau
Shrewsbury
Telford
Norwich
Powis Castle
Leicester
Wolverhampton
Walsall
Peterborough
Lowestoft
Cardigan Bay
Ely
Newtown
Birmingham
Thetford
Coventry
Cambrian Mts.
Huntingdon
Aberystwyth
WALES
Cambridge
Northampton
Bury St Edmunds
Worcester
Stratford-upon-Avon
Ipswich
Bedford
Hereford
Milton Keynes
Woburn Abbey
Harwich
Pembrokeshire Coast NP
Fishguard
Llandovery
Cheltenham
Colchester
Luton
Brecon Beacons NP
St. David's Head
Haverfordwest
Severn
Gloucester
Blenheim Palace
Harlow
Carmarthen
Oxford
Chelmsford
Abergavenny
St Albans
Milford Haven
Stroud
Lydney
Thames
Swansea
Watford
London
Basildon
Southend-on-Sea
Newport
Swindon
Windsor
Tower
St. Govan's Head
Slough
Cardiff
Reading
Margate
Bristol
Thames
North Foreland
Buckingham Palace
Rochester
Ramsgate
Staines
Bristol Channel
Bath
Weston-Super-Mare
Epsom
North Downs
Maidstone
Basingstoke
Guildford
Stonehenge
Dover
Minehead
Ashford
Folkestone
Crawley
Bridgwater
Barnstaple
Salisbury
Winchester
Calais
Dungeness
Taunton
Yeovil
Southampton
South Downs
Hastings
Tiverton
Devon
The New Forest
Portsmouth
Brighton
Boulogne-sur-Mer
Bude
Worthing
Eastbourne
Exeter
Dorchester
Poole
Bournemouth
Newport
King Arthur's Castle
Exmouth
Weymouth
Isle of Wight
Dartmoor NP
Torquay
Lyme Bay
Newquay
Bodmin
Cornwall
Plymouth
Truro
Ärmelkanal
Penzance
Falmouth
Land's End
St Michael's Mount
Lizard Pt.
Scilly Is.
Alderney
FRANKREICH
Nordsee
Glasgow
Dublin
London

Der Buccaneer-Shop in Penzance, der Stadt, die den Eingang in den Ärmelkanal eröffnet, ist ein beliebter, aber auch eigenwilliger Souvenirladen.

Impressum

Buchgestaltung
www.hoyerdesign.de

Karte
Fischer Kartografie, Aichach

Audio
Für die TING-Audioversion wurden die Texte in englischer Sprache gelesen von: Elisabeth Winterwerb-Cossons, Stromberg

Die Aufnahmen entstanden im Tonstudio Tobias Finke in Leipzig.

Printed in Germany
Repro: Artilitho snc, Lavis-Trento, Italien
www.artilitho.com
Druck und Verarbeitung: Offizin Andersen Nexö, Leipzig

ISBN 978-3-8003-4100-9

Unser gesamtes Programm finden Sie unter:
www.verlagshaus.com

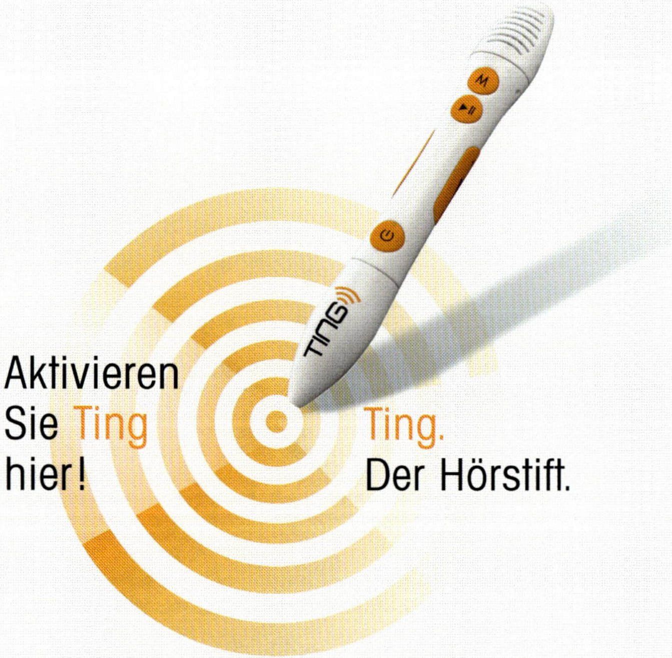

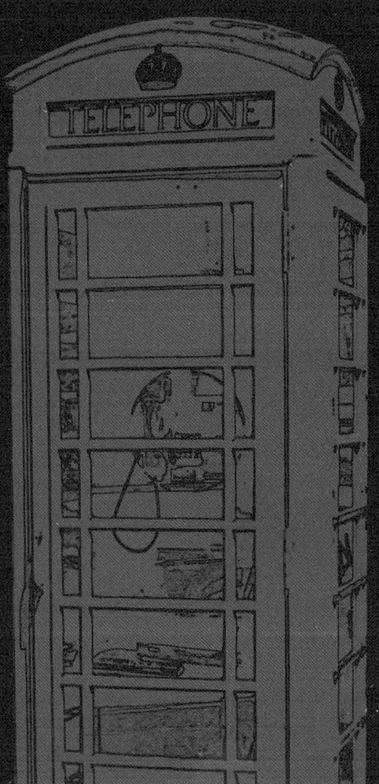
TELEPHONE